THÉATRE
DE L'ENFANCE.

PREMIÈRE PARTIE.

IMPRIMERIE DE H. BALZAC,
Rue des Marais S.-G., n. 17.

Et puisqu'il ne me reste pas autre chose, je donne mon polichinelle a ces enfans pour leurs étrennes.

THÉATRE
DE L'ENFANCE,

PAR MADAME

DE LAFAYE-BRÉHIER,

AUTEUR DES PETITS BÉARNAIS, DU ROBINSON FRANÇAIS, etc.

Orné de gravures.

TOME PREMIER.

PARIS,
ÉMERY, FRUGER ET Cie.,
Libraires-Éditeurs, Rue Mazarine, N° 30.

1828.

PRÉFACE.

Il ne faudrait point se persuader, sur le titre de cet ouvrage, qu'il n'est écrit que pour des enfans fort jeunes. Je pense au contraire qu'il sera plus agréable à ceux dont une première instruction a déjà développé l'intelligence, et qu'il est même à peu près impossible de le faire goûter aux autres, à moins qu'ils ne soient doués de beaucoup d'esprit naturel; mais je me persuade que des enfans de douze à quatorze ans trouveront quelque plaisir à la lecture de ces comédies, qu'ils en suivront sans peine le développement, et en saisiront d'eux-mêmes la moralité.

Le genre dramatique a toujours flatté si généralement l'esprit des hommes, qu'on ne saurait douter de son succès auprès de la jeunesse, si on prend le soin de l'approprier à ses forces; mais en ce genre, comme dans tous, faisons toujours en sorte que ses mœurs et son esprit se perfectionnent de concert; offrons-lui non seulement des leçons de vertu, mais encore le modèle le moins imparfait d'une bonne littérature. Comme ce peuple qui ne mettait sous les yeux des épouses que des images du beau, tâchons de n'offrir à la curiosité des enfans que des choses capables de leur former un goût délicat, sinon par le raisonnement, qu'ils ne possèdent point encore, au moins par l'habitude.

On ne doit point considérer la tâche de ceux qui écrivent pour la jeunesse comme une chose facile et de peu d'importance; ces sortes d'ouvrages ont leur genre de perfection comme les autres. Il est vrai qu'on n'a pas besoin, pour les créer, d'un grand effort d'imagination, puisque la simplicité des ressorts qu'on fait mouvoir est leur premier mérite; mais cette simplicité demande à être ornée avec beaucoup de discernement; il faut intéresser avec des riens; il faut varier de mille manières les vérités les plus communes, et parvenir à toucher de jeunes cœurs qui ne savent point aller d'eux-mêmes au-devant de vous; enfin la passion de l'amour, cette source inépuisable et si favorable aux romanciers, nous est justement interdite. Ce qui prouve au reste la difficulté de ce genre, c'est le petit nombre de ceux qui y réussissent. Il est important néanmoins de bien choisir, puisque les enfans sont susceptibles de se corriger de leurs défauts et d'acquérir par de bons exemples et de sages préceptes les qualités qui leur manquent. Les livres de morale écrits pour les hommes atteignent rarement leur but, parce qu'ils rencontrent dans les cœurs les plus susceptibles de s'en pénétrer, des habitudes vicieuses qui s'opposent à leurs bons effets; mais la consolation de celui qui consacre sa plume à la jeunesse, est de se flatter, avec quelqu'apparence de justice, de l'efficacité de ses leçons, et de penser qu'il prépare, comme en se jouant, à la génération future des pères et des mères de familles dignes d'être la gloire de leur siècle.

Si ces deux volumes de comédies sont accueillis du public, je continuerai cet ouvrage sous le même titre, afin qu'il forme la partie dramatique de la bibliothèque des enfans. Je sais qu'une dame illustre y tient déjà, par son théâtre d'éducation, une place distinguée; ses ouvrages charmans ont fait, avec ceux de Berquin, les délices de mes premières années; mais quoique je ne les aie plus en ce moment sous les yeux, il me semble que ses pièces conviennent plutôt aux jeunes demoiselles de seize à dix-huit ans, qu'aux enfans de l'un et de l'autre sexe et de l'âge dont j'ai fait choix. Quant aux comédies de Berquin, dont le genre des miennes se rapproche davantage, elles ne forment point un ouvrage particulier, et se trouvent dispersées dans l'*Ami des Enfans*. J'espère donc offrir à mes jeunes lecteurs un petit théâtre qui leur sera plus spécialement consacré que ceux qu'on a publiés jusqu'ici.

LE
POLICHINELLE,
COMÉDIE EN UN ACTE.

PERSONNAGES.

M. ARNAUD, médecin.
CASIMIR, son fils.
SÉRAPHINE, sa fille.
DIDIER, ami de Casimir.
MARIANE }
CHARLOT } ses enfans.
JACQUELINE, servante de M. Arnaud.
Un soldat invalide.
Une marchande de jouets.
Un garçon, personnage muet.

La Scène est à Paris, chez M. Arnaud.

LE THÉATRE
DE L'ENFANCE.

LE POLICHINELLE.

SCÈNE PREMIÈRE.

Le Théâtre représente un salon dont Jacqueline, un balai de plume à la main, achève de nettoyer les meubles, pendant que Casimir, enfoncé dans un fauteuil, paraît rêver profondément.

CASIMIR, JACQUELINE.

JACQUELINE.

C'est une chose bien difficile que de tenir une maison propre où il y a des enfans ! Ils ne sont occupés qu'à déranger ce qu'on met en ordre, et leur mouvement continuel fait voler la poussière jusques dans les endroits le mieux fermés.

CASIMIR *sans se déranger*.

Paix, je vous prie, Jacqueline ; ne me troublez pas dans mes réflexions.

JACQUELINE (*le regarde en riant et continue*).

J'avais juré, en sortant de ma dernière condition, de ne plus avoir rien à démêler avec ces petits marmots - là, et pourtant m'y voici encore. Je n'ai pu refuser de servir M. le médecin Arnaud, qui a eu tant de soin de ma pauvre mère, pendant sa dernière maladie, et puis (*d'un ton plus bas*) je ne sais pourquoi, malgré l'impatience qu'ils me causent quelquefois, je ne puis m'empêcher d'aimer les enfans.

CASIMIR *se lève brusquement.*

Oh! que mon papa a bien raison de dire qu'il est plus aisé d'arrêter l'eau dans une rivière, que les paroles dans la bouche d'une femme! (*à Jacqueline.*) Vous ne voulez donc pas me laisser réfléchir?

JACQUELINE.

Eh! qui vous en empêche?

CASIMIR.

Vous, votre babil éternel.

JACQUELINE.

Pourquoi m'écoutez-vous? Je me parle à moi-même.

CASIMIR.

Je vous entends malgré moi, et cela me dérange.

JACQUELINE.

Voyez un peu le beau malheur de troubler les réflexions de M. Casimir! ce doit être un sujet fort grave qui vous occupe.

CASIMIR.

Plus grave que vous ne l'imaginez. Il s'agit de savoir à quoi j'emploirai l'argent que mon père me donne pour mes étrennes.

JACQUELINE *en riant*.

Donnez-le moi, je vous débarrasserai de ce soin.

CASIMIR.

Votre serviteur, mademoiselle Jacqueline.

JACQUELINE.

Parlons sérieusement : votre papa ne vous achète donc pas d'étrennes cette année ?

CASIMIR.

Lorsque nous lui souhaitâmes hier soir une heureuse année, ma sœur Séraphine et moi, il nous dit qu'il nous trouvait l'un et l'autre assez raisonnables pour choisir nous-mêmes les présens qui nous conviendraient le mieux, qu'il était bien aise de nous laisser agir librement dans cette circonstance, et que nous pouvions le regarder chacun comme notre débiteur d'un louis, qu'il nous payerait à notre première réquisition. Depuis ce moment nous ne faisons que rêver à l'emploi de notre trésor.

JACQUELINE.

Vous avez raison, car il y va de votre honneur de prouver à monsieur votre père, que vous êtes dignes de sa confiance. Je vous aiderai, si vous voulez, à vous décider à quelque chose; mais votre sœur, qui est sortie, aura peut-être fait son choix avant de rentrer.

CASIMIR.

Elle m'a promis de ne rien faire sans me consulter, et de plus, elle n'a point encore d'argent; mon père ne doit nous le remettre que ce soir.

JACQUELINE.

Il est bon qu'un frère et une sœur

s'entendent; cependant, selon toutes les apparences, son goût et le vôtre ne se ressembleront pas : ce qui amuse les petits garçons ne convient guère aux demoiselles.

CASIMIR.

Cela dépend du genre d'étrennes qu'on peut choisir. Notre projet n'est point d'acheter de ces bagatelles, bonnes tout au plus pour des enfans de cinq ans.

JACQUELINE *en plaisantant.*

Je le crois bien ! un garçon de dix ans et une fille de douze sont bien d'autres personnages, vraiment !

CASIMIR.

Il ne faut point se moquer ; vous voyez vous-même que mon père ne nous considère plus comme des enfans.

JACQUELINE.

Assurément, et vous ferez fort bien de donner à votre petit cousin le tambour avec lequel vous nous rompiez la tête hier au soir.

CASIMIR.

C'était pour l'achever, il ne vaut plus rien.

JACQUELINE.

D'après ce que vous me dites, je juge que nous n'aurons cette année ni cheval de bois ni fusil de fer-blanc, ni poupées ni ménage?

CASIMIR.

Fi donc!

JACQUELINE.

Mais enfin, que comptez-vous acheter? Des habits?

CASIMIR.

Pourquoi faire? notre père nous en laisse-t-il manquer?

JACQUELINE.

Des livres?

CASIMIR.

Bah! nous en avons, Dieu merci, de toutes les espèces.

JACQUELINE.

Vous ne mettrez pas un louis en dragées et en confitures?

CASIMIR.

Ces sortes de friandises sont toujours indépendantes des étrennes, et nous arrivent ordinairement par-dessus le marché. Il ferait beau voir des gens de notre âge dépenser en sucreries le premier argent dont on nous permet de disposer! nous voulons quelque chose qui dure.

JACQUELINE.

C'est parler comme il faut; mais avec cela votre embarras me paraît extrême, et je ne puis deviner ce que vous ferez enfin de votre argent.

SCÈNE II.

CASIMIR, SÉRAPHINE, JACQUELINE, UN INVALIDE.

SÉRAPHINE.

Jacqueline, mon père est-il à la maison?

JACQUELINE.

Non, Mademoiselle.

SÉRAPHINE.

J'en ai bien du regret, ce bon vieux militaire souhaite de lui parler. Allez dire, de grâce, au portier qu'il nous avertisse aussitôt qu'il sera de retour, car il se retire quelquefois dans son cabinet avant de monter ici.

JACQUELINE.

J'y vais, Mademoiselle, mais je ne crois pas qu'il revienne de sitôt, parce que Lafleur a ramené le cabriolet, en disant que Monsieur doit passer une partie de la journée chez son malade (*elle sort*).

SCÈNE III.

SÉRAPHINE, CASIMIR, L'INVALIDE.

SÉRAPHINE *à l'invalide*.

Vous entendez, Monsieur, mon père n'est point au logis ; si ce que vous avez à lui dire peut nous être confié, mon frère et moi, nous nous chargerons de votre commission.

L'INVALIDE.

Hélas ! Mademoiselle, je venais le remercier de ses bontés envers une pauvre famille, qui, depuis long-temps, ne subsiste en partie que de ses bienfaits.

CASIMIR.

Eh ! quelle est cette famille, je vous prie ?

L'INVALIDE.

C'est la mienne, mon jeune monsieur.

CASIMIR.

Vous êtes militaire, vous êtes infirme, et vous n'avez point reçu du roi une place dans l'hôtel ?

L'INVALIDE.

J'avoue que je ne l'ai point sollicitée. Le désir de vivre avec ma femme et mes enfans, m'a fait préférer une vie dure et laborieuse, peut-être au-dessus de mes forces à une retraite qui m'obligeait de m'éloigner d'eux; mais le malheur que j'ai eu de perdre ma femme m'a tellement accablé, que j'en suis tombé malade à mon tour. Pour un pauvre ouvrier, qui n'a que ses bras pour toute fortune, la misère ne manque jamais de suivre la maladie. Je serais mort de faim avec mes pauvres enfans, sans l'humanité de votre père.

SÉRAPHINE.

Il ne nous a jamais parlé de vous.

L'INVALIDE.

Les personnes bienfaisantes gardent ordinairement le secret de leurs bonnes actions; moi-même j'ignorais son nom, qu'il me cachait avec soin, quoique je le lui eusse demandé plusieurs fois, et ce n'est que malgré lui que je suis enfin parvenu à le connaître.

CASIMIR.

Par quel hasard est-il donc allé chez vous?

L'INVALIDE.

Je vais vous le raconter. Pendant ma maladie, un jour que je souffrais plus qu'à l'ordinaire, j'appelai près de moi mes deux enfans, qui sont à peu près de votre âge. — Mes chers amis, leur dis-je, ne me quittez point, car il me semble que je vais bientôt expirer, et ce sera pour moi une consolation de reposer sur vous mes derniers regards. Ils me prièrent, en pleurant, de ne point les abandonner. Hélas, repartis-je, cela ne dépend ni de vous ni de moi, Dieu est le maître de ma vie, et s'il veut que je la perde, il faut bien que sa volonté s'accomplisse.

CASIMIR.

Tu pleures, Séraphine !

SÉRAPHINE.

Et toi aussi, Casimir !

CASIMIR.

Il est vrai que je suis fort touché de ce que j'entends.

SÉRAPHINE.

Et moi donc ! Mais les larmes que je répands sont douces. Continuez, bon vieillard.

L'INVALIDE.

Mon petit Charlot me demanda alors pourquoi je ne faisais pas venir un médecin, je lui répondis que je n'avais point d'argent pour le payer ; après cela je cessai de parler, car la fièvre m'accablait. Mes enfans se retirèrent à l'autre extrémité de la chambre, croyant que je voulais dormir, et Charlot dit à sa sœur qu'il irait chercher le médecin qui avait donné des soins à ma pauvre femme. Mariane lui rappela tristement ce que je venais de dire, mais mon fils, sans se décourager, répliqua qu'il prierait si instamment le médecin de venir me secourir malgré ma pauvreté, qu'il l'obligerait à le suivre.

SÉRAPHINE.

Il avait bien raison, et je vois tous les jours mon père accorder ses secours aux pauvres aussi promptement qu'aux riches.

L'INVALIDE.

Mon pauvre Charlot me recommanda à sa sœur, et prit aussitôt sa course pour se rendre chez le médecin. Il était à la campagne pour une quinzaine de jours. Charlot s'en revenait fort triste, lorsqu'en passant devant un hôtel, il vit descendre, d'une voiture arrêtée à la porte, un Monsieur, auquel il trouva l'air d'un médecin. Les informations qu'il prit dans le voisinage le confirmèrent dans cette pensée : on lui dit que ce Monsieur était en effet un médecin fort habile. Charlot, sans penser à demander son nom, s'assit sur une borne en attendant qu'il sortît de cet hôtel; et, se précipitant alors au devant de lui, le pria avec instances, et en versant des pleurs, de venir à mon secours. Il ne lui cacha pas que je n'étais pas en état de le récompenser, mais il lui promit que sa sœur et lui prieraient Dieu pour son bonheur tout le temps de leur vie.

CASIMIR (*tout en larmes*).

Brave homme, je veux faire connaissance avec votre petit Charlot.

SÉRAPHINE.

Il mérite que vous l'aimiez bien tendrement.

L'INVALIDE.

Ce n'est pas pour me vanter; mais quoique je ne sois qu'un pauvre soldat, mes enfans ne feraient point de honte à un grand seigneur, tant ils montrent un heureux naturel. Votre père, car vous devinez bien que c'était lui, fit monter Charlot dans sa voiture, et se fit conduire à l'adresse qu'il lui indiqua. Ses conseils et ses secours me rappelèrent à la vie; il me fournit généreusement tous les remèdes que mon état exigeait, et laissa encore de l'argent à mes pauvres enfans. Jugez si j'ai dû souhaiter de le connaître, et si je pouvais laisser passer le premier jour de l'année sans lui apporter le tribut de mes vœux.

CASIMIR.

Pourquoi vos enfans ne sont-ils pas venus avec vous? nous aurions tant de plaisir à les voir!

L'INVALIDE.

Je n'ai pas osé prendre cette liberté de peur d'importuner votre père; mais si vous croyez qu'il ne s'en offense pas, je vous amènerai l'un de ces jours mon petit Charlot et sa sœur Mariane.

SÉRAPHINE.

Je suis certaine, au contraire, que votre visite à tous lui sera fort agréable. On doit se plaire avec les heureux qu'on a faits, et je regrette beaucoup qu'il ne soit point ici en ce moment.

CASIMIR.

Comment vont maintenant vos affaires ?

L'INVALIDE.

Je me porte assez bien, mais les forces ne me reviennent pas, et je crains de ne pouvoir plus travailler. Inquiet du sort de mes enfans, pour le temps où je ne serai plus, je m'estimerais heureux de leur faire apprendre quelque bon état, capable de les faire subsister.

SÉRAPHINE.

Rien n'est plus naturel, et mon père approuvera certainement une pareille prévoyance.

L'INVALIDE.

J'ai déjà parlé pour Charlot à un maître menuisier, brave homme, que je trouve fort disposé à me rendre service et qui ne me demande que du temps ; mais sa femme ne veut point prendre mon enfant qu'il n'ait d'abord un petit trousseau pour se tenir propre : on m'objectera la même chose pour Mariane.

CASIMIR.

C'est une condition raisonnable que vous ferez fort bien d'accepter.

L'INVALIDE.

Je le ferais aussi, s'il était en mon pouvoir de la remplir; mais ne savez-vous pas qu'on n'achète point de trousseau sans argent?

CASIMIR (*tirant sa sœur à l'écart*).

Séraphine? n'as-tu rien à me dire?

SÉRAPHINE.

Et toi, ne lis-tu pas dans mes yeux de quoi je suis tentée?

CASIMIR.

Donnons à cet invalide la moitié de nos étrennes.

SÉRAPHINE.

La moitié! c'est bien peu de chose! Il a deux enfans; un trousseau de douze francs ne sera guère complet. Que ferons-nous du reste de notre argent? nous ne lui trouverons pas un meilleur emploi.

CASIMIR.

Tu le veux?

SÉRAPHINE.

Je sais bien, au moins, que l'invalide aura mon louis tout entier. Quant à toi, tu es le maître d'agir comme il te plaira.

CASIMIR.

Je suivrai ton exemple et celui de mon père.

SÉRAPHINE.

Penses-y bien, afin de n'avoir point de regrets.

CASIMIR.

Ma résolution est prise.

SÉRAPHINE.

Ta raison et ton bon cœur me charment. Quelle joie nous allons donner à ce tendre père ! (*A l'invalide.*) Que le sort de vos enfans ne vous cause plus d'inquiétude. Mon père nous a promis deux louis pour nos étrennes, nous vous prions de les accepter pour acheter le trousseau de Charlot et celui de Mariane.

CASIMIR.

L'espoir de leur procurer un avantage si important nous rendra plus heureux que ne feraient les plus beaux jouets du monde.

L'INVALIDE.

Si je ne connaissais pas votre généreux père, je m'étonnerais de trouver de pareils sentimens dans des enfans de votre âge ; mais comme dit le proverbe : *Bon sang ne peut jamais mentir*, et vous avez dû recevoir de bonne heure des leçons qui vous ont rendus ce que vous êtes. Je ne saurais vous remercier dignement que par mes larmes et mes prières. Ah! si Dieu, comme on nous l'apprend, daigne accorder quelque mérite aux bénédictions des vieillards, puisse-t-il répandre sur vous toutes celles que mon cœur vous souhaite!

SÉRAPHINE.

Nous ne pouvons vous remettre de suite cet argent, qui n'est pas encore entre nos mains ; mais comptez-y positivement, et revenez le chercher ce soir ou demain matin, comme il vous conviendra le mieux.

CASIMIR.

Vous verrez que nous sommes des gens de parole.

L'INVALIDE.

Je n'en doute nullement; mais je serai bien aise de voir M. Arnaud avant de rien accepter de ses enfans; c'est un devoir que ma délicatesse m'impose.

CASIMIR.

Vous pensez bien que mon père ne saurait être mécontent de nous voir suivre son exemple.

SÉRAPHINE.

Il applaudira au contraire à la manière dont nous avons placé le premier argent qu'il nous donne.

L'INVALIDE.

Hélas! il mérite bien des enfans si généreux! Adieu, monsieur et mademoiselle. (*Il leur serre les mains.*) Souvenez-vous du pauvre soldat Bruno : pour lui, il ne vous oubliera jamais; votre nom sera toujours mêlé dans ses prières avec celui de ses enfans. (*Il se retire.*)

SCÈNE IV.

SÉRAPHINE, CASIMIR.

(*Ils gardent un moment le silence, se sentant trop émus pour pouvoir parler.*)

SÉRAPHINE.

Je n'ai jamais reçu d'étrennes avec

autant de plaisir que je m'en prive cette année.

CASIMIR.

Ah! que mon père a bien fait de nous en laisser le choix!

SÉRAPHINE.

Ce brave homme! comme il m'a serré la main!

CASIMIR.

Quel regard touchant il attachait sur nous!

SÉRAPHINE.

Je prends Mariane sous ma protection, puisque c'est une petite fille.

CASIMIR.

Charlot se trouvera tout naturellement sous la mienne. J'irai le voir à son atelier, je l'encouragerai au travail par de petits présens, et lorsqu'il saura son état, je prierai mon père de lui donner sa pratique ; je lui obtiendrai également celle de nos amis ; Charlot ne manquera pas d'ouvrage, il fera vivre à l'aise son père et sa sœur, et j'aurai le plaisir de penser qu'ils me devront le bonheur de leur vie.

SÉRAPHINE.

Oh ! Mariane n'aura pas besoin de secours, je veux la faire placer chez ma couturière en robes, et je la recommanderai si bien, qu'elle deviendra en peu de temps la plus habile ouvrière de mademoiselle Jenny : plus tard, elle travaillera pour son propre compte, et ma foi mademoiselle Jenny en dira ce qu'elle voudra, mais je ne me ferai plus habiller que par Mariane. Plus tard encore, je prierai mon père de lui chercher un bon mari; Mariane sera heureuse, elle fera le bonheur de sa famille, et ce tableau, dont je pourrai être témoin, me rappellera ce louis que je lui donne aujourd'hui, au lieu de m'en acheter des étrennes.

CASIMIR.

Je ne me sens pas de joie!

SÉRAPHINE.

Oh! qu'il me tarde que notre père soit de retour.

SCÈNE V.
SÉRAPHINE, CASIMIR, JACQUELINE.

JACQUELINE.

Votre maître d'écriture est là dedans.

SÉRAPHINE.

J'ai cru que vous veniez nous avertir

de l'arrivée de notre père. Allons prendre notre leçon.

CASIMIR (*étourdiment*).

Jacqueline, mon embarras est terminé.

JACQUELINE.

Vraiment? Eh! quelles étrennes avez-vous donc choisies?

SÉRAPHINE (*bas à Casimir*).

Il ne suffit pas d'imiter la bienfaisance de notre père, soyons encore discrets comme lui.

CASIMIR (*à Jacqueline*).

Devinez-les, si vous pouvez (*Il sort en riant avec sa sœur*).

SCÈNE VI.

JACQUELINE (*seule*).

Devinez, devinez, l'espiègle! c'est

une chose bien facile en effet que de savoir ce qui se passe dans la tête d'un enfant : il dédaigne aujourd'hui ce qu'il choisira demain, et n'a non plus de constance qu'une girouette. Cet âge est d'une légèreté, d'une insouciance, d'une pétulance..... Oui, mais il est en même temps bien aimable, et chacun regrette de n'y être plus. Il faut convenir pourtant que tous les enfans ne ressemblent point à ceux de cette maison, leur vivacité n'a jamais rien d'offensant, et une pauvre servante n'est point exposée avec eux aux injures et aux mauvais traitemens. Peste ! Monsieur ne le souffrirait pas, il aime ses enfans, mais il ne veut pas que personne leur serve de jouet ou de victime. Combien de maisons où tout leur est permis, et où il suffit de s'en plaindre pour être congédié ! Qu'en arrive-t-il ? c'est que ces enfans gâtés deviennent de méchants maîtres, et qu'il ne se trouve plus personne qui veuille les servir.

SCÈNE VII.

JACQUELINE, DIDIER.

DIDIER.

Je voudrais bien voir mon ami Casimir.

JACQUELINE.

Monsieur, il prend sa leçon d'écriture.

DIDIER.

Dites-lui que je ne puis demeurer long-temps, et que je serais bien aise de causer un moment avec lui.

(*Jacqueline sort.*)

SCÈNE VIII.

DIDIER (*seul*).

J'aurai fait aujourd'hui la moitié de Paris pour voir les étrennes de tous mes camarades. Cela est fort divertissant, sans compter que de maison en maison on attrape toujours quelques friandises. Depuis que mon père s'avise de me traiter en grand garçon, c'est une partie retranchée sur mes étrennes, et Dieu sait si la réforme est de mon goût. Ah! voici Casimir.

SCÈNE IX.

DIDIER, CASIMIR.

DIDIER.

Ton maître d'écriture est fou, je pense, de venir vous donner leçon un jour comme celui-ci.

CASIMIR.

Ce n'est pas notre coutume de les interrompre, et mon père dit que la meilleure façon de commencer l'année, est de s'acquitter de tous ses devoirs.

DIDIER.

Mais il faut en avoir le temps : et les visites.....

CASIMIR.

On a pour cela toute la quinzaine, nos maîtres ne viennent pas tous les jours.

DIDIER.

Moi je commence l'année par le plaisir et non par le travail. Depuis l'heure du déjeûner, je me promène, examinant à loisir les boutiques des confiseurs, celles des jouets d'enfans, celles des marchandes d'oranges, et tout ce qu'il y a de curieux à cette époque.

CASIMIR.

Ce n'est point si mal employer le temps.

DIDIER.

J'ai été rendre visite à tous nos camarades, et m'informer de ce qu'ils ont reçu en présent : mes yeux sont encore éblouis de toutes les belles choses qu'on m'a fait voir.

CASIMIR (*avec intérêt*).

Raconte-moi donc un peu cela, mon cher Didier.

DIDIER.

J'ai trouvé d'abord chez Edmond un cheval haut comme cela, baie brun, d'une superbe encolure, et si parfaitement suspendu qu'on croit sentir les balancemens d'un vrai cheval au galop. Bride, bridon, selle, housse, étriers, rien ne manque, tout est assorti et conditionné avec un goût scrupuleux.

CASIMIR.

Combien coûte-t-il ?

DIDIER.

Quarante francs.

CASIMIR.

Passons à autre chose.

DIDIER.

Sa sœur a reçu pour sa poupée un ameublement complet en bois d'acajou, orné de dorures. Chaque pièce est une véritable miniature d'un travail exquis.

CASIMIR.

Je le crois, mais je ne me soucie point des jeux des demoiselles.

DIDIER.

Tu prendrais plus de plaisir au nègre

d'Hippolyte, qui joue des cymbales au moyen d'un ressort qu'on monte comme celui d'une montre. Il a de riches habits à la turque.

CASIMIR.

Combien coûte-t-il?

DIDIER.

Vingt-quatre francs.

CASIMIR.

Voilà, par exemple, de jolies étrennes.

DIDIER.

Eh! que dirais-tu donc du théâtre de Sylvestre?

Il a six décorations : un salon, une place publique, un ermitage, une vue de la mer, un palais et l'intérieur d'une chaumière avec un grand nombre d'acteurs assortis.

CASIMIR.

Combien coûte-t-il?

DIDIER.

Cinquante francs.

CASIMIR.

Oh! ce sont des prix....

DIDIER.

Mais il faut bien que les belles choses se payent ce qu'elles valent, et je ne te cite que les présens les plus remarquables. Je ne m'amuse point aux arches de Noé, aux pantins de carton, aux gagne-petit et autres bagatelles de la sorte.

CASIMIR.

Qu'as-tu vu chez Albert, qui a toujours des étrennes si curieuses?

DIDIER.

Le plus charmant oranger du monde,

couvert de fleurs, de fruits verts et de fruits mûrs ; l'arbre et la caisse qui le contient sont en sucre.

CASIMIR.

Un oranger tout en sucre !

DIDIER.

Du plus fin et du meilleur qu'on puisse goûter.

CASIMIR.

L'humidité le fera fondre.

DIDIER.

Albert doit y mettre bon ordre ; et nous avons déjà placé une partie de ses feuilles à l'abri de cet accident.

CASIMIR.

Je ne te demande point ce qu'il coûte, car je n'attache aucun intérêt à ces sortes de présens. Ils ne donnent point un plaisir durable.

DIDIER.

Durable ou non, c'est toujours un plaisir dont je ne refuse jamais ma part; mais ne veux-tu point aussi me montrer tes étrennes?

CASIMIR.

Je ne les ai point encore reçues.

DIDIER.

Bon! cela n'est pas possible, tu fais le mystérieux.

CASIMIR.

Non, te dis-je, mon père ne doit nous les donner que ce soir; et toi, Didier, tu ne me parles pas des tiennes.

DIDIER.

C'est que j'en suis mal satisfait. Croirais-tu qu'on ne m'a donné que des livres?

CASIMIR.

C'est qu'on ne te regarde plus comme un enfant.

DIDIER.

Ma foi, je me serais bien passé de cet honneur. Adieu, je vais voir si Valentin a été plus heureux.

(*Il sort.*)

SCÈNE X.

CASIMIR *seul, après avoir un peu rêvé.*

Un nègre qui joue des cymbales ! que cela doit être joli ! j'avais précisément ce qu'il faut pour l'acheter... (*Il soupire.*) Nous nous sommes bien pressés de disposer du prix de nos étrennes. En les réunissant, nous aurions pu avoir aussi un théâtre ou un cheval... Il est vrai que Séraphine aurait peut-être préféré autre chose. (*Il se promène d'un air distrait.*) Dans le fait, nous ne sommes pas encore d'âge à ne plus aimer les jouets, et de presque tous ceux que m'a nommés Didier, Hippolyte est le seul qui soit plus jeune que moi. (*Il soupire encore.*) Allons continuer ma leçon d'écriture.

(*Il va pour sortir et rencontre la marchande de jouets d'enfans.*)

SCÈNE XI.

CASIMIR, LA MARCHANDE,

suivie d'un garçon qui porte un grand panier couvert.

LA MARCHANDE.

Pardon, mon petit monsieur, si j'entre sans sonner, j'ai trouvé la porte ouverte. N'est-ce pas vous qui m'avez fait demander des jouets?

CASIMIR.

Non, madame.

LA MARCHANDE.

Je me serai donc trompée d'étage. (*Elle regarde une adresse.*) M. Henri de St.-Ange, n. 20, au second.

CASIMIR.

C'est l'étage au-dessus.

LA MARCHANDE.

Je suis bien étourdie. (*Elle fait quelques pas et revient.*) Si, par hasard, Monsieur avait besoin de quelque chose? J'ai ici de quoi contenter les goûts les plus difficiles.

CASIMIR.

Faites-moi donc voir votre marchandise..... Mais non, je ne puis rien vous acheter...., et d'ailleurs mon père n'est pas à la maison.

**

LA MARCHANDE.

Eh! qu'importe, mon petit monsieur, la vue ne vous en coûtera rien; moi, j'aime à obliger les enfans. Approchez, jeune homme, que je fasse voir à Monsieur ce qu'il y a dans le panier. (*Elle étale différens jeux sur la table.*)

CASIMIR.

Oh! que tout cela est beau! (*A part.*) Pourquoi n'est-elle pas venue avant l'invalide!

LA MARCHANDE.

Cette boîte contient une grande ville avec ses édifices et ses promenades publiques. Il y a plus de cent maisons bâties à l'italienne. C'est quelque chose de bien exécuté et qui n'est pas d'un gros prix.

LE POLICHINELLE. 55

CASIMIR.

Qu'est-ce que représente cette sablière ?

LA MARCHANDE.

Un combat de gladiateurs au milieu d'un cirque. Je vais la mettre en mouvement. Voyez-vous les coups que ces combattans s'assènent, et les applaudissemens des spectateurs placés dans ces loges ? Celui qui est là debout, le bras étendu, est un empereur romain.

CASIMIR.

Je la regarderais tout un jour sans m'en lasser. Avez-vous un nègre qui joue des cymbales ?

LA MARCHANDE.

Non, mais je vous ferai voir un polichinelle de deux pieds et demi qui joue des castagnettes, et qui remue les yeux comme le polichinelle de Séraphin. (*Elle le tire du panier.*)

CASIMIR.

Oh! l'admirable polichinelle! Ah! vous pouvez serrer tout le reste, madame, je ne veux plus faire attention à autre chose. Quelle figure de bonne humeur! Ne dirait-on pas qu'il a de véritables yeux et qu'il me regarde?

LA MARCHANDE.

Remarquez, mon petit monsieur, qu'ils sont d'un très-brillant émail, et si artistement placés, que le moindre mouvement les met en jeu.

CASIMIR.

Comment joue-t-il des castagnettes?

LA MARCHANDE.

Le ressort en est très-simple. Voyez.

(*Elle met le polichinelle en mouvement. Casimir l'essaye à son tour en faisant parler le polichinelle.*) Vous vous y entendez à merveille, et je vous conseille de le garder.

CASIMIR.

De quel prix est-il?

LA MARCHANDE.

Je ne puis pas le donner à moins d'un louis.

CASIMIR, *à part*.

Hélas! que ferai-je? mon embarras est extrême.

LA MARCHANDE.

S'il ne vous convient pas, je vais le porter à votre voisin, M. Henri de St.-Ange.

CASIMIR, *à part*.

Je n'aurai jamais le courage de la laisser partir.

LA MARCHANDE.

Vous le trouvez trop cher?

CASIMIR.

Non, madame, ce n'est pas cela, mais... (*à part*), quand je ne donnerais rien à Charlot cette année, quel grand mal y aurait-il à cela? il est encore bien jeune.

LA MARCHANDE.

Si vous ne devez pas le garder, ne me retenez pas davantage.

CASIMIR.

Je vous ai dit que mon père n'était pas à la maison.

LA MARCHANDE.

Qu'à cela ne tienne; si vous pensez qu'il ne vous empêche pas de le prendre, vous pouvez le regarder comme à vous dès ce moment. Je ne suis pas inquiète de la somme, et je reviendrai demain matin.

SCÈNE XII.

M. AMAND, CASIMIR, LA MARCHANDE, LE GARÇON.

CASIMIR.

Vous arrivez bien à propos, mon papa : madame, conduite ici par le hasard, me vendra, si vous le voulez, un polichinelle qui joue des castagnettes et qui remue les yeux comme vous et moi. Regardez vous-même.

M. AMAND.

Voilà en effet une jolie mécanique ; en as-tu fait le prix ?

CASIMIR.

Il est de vingt-quatre francs.

M. AMAND.

C'est précisément la somme qui te revient. Madame n'en peut-elle rien rabattre?

LA MARCHANDE.

Monsieur, mon magasin est connu, tout y est au juste prix.

M. AMAND.

Ton choix est-il bien fixé, Casimir?

CASIMIR.

Oui, mon papa, je n'ai jamais rien désiré si vivement que ce polichinelle.

M. AMAND *payant la marchande.*

Eh bien, mon fils, il faut te satisfaire. Ta sœur a-t-elle choisi aussi ce qui lui convient?

CASIMIR.

Elle ne sait pas que madame est ici.

M. AMAND.

Faisons-la avertir... mais je l'entends qui reconduit le maître d'écriture. (*Il l'appelle.*) Séraphine.

(*Casimir à l'arrivée de sa sœur cache le polichinelle derrière lui.*)

SCÈNE XIII.

M. AMAND, CASIMIR, LA MARCHANDE, LE GARÇON, SÉRAPHINE.

SÉRAPHINE.

Ah! vous voilà de retour, mon papa?

M. AMAND.

Ma fille, ne veux-tu rien acheter à cette marchande de jouets?

SÉRAPHINE.

Non, mon papa.

LA MARCHANDE.

Regardez, mademoiselle, j'ai des poupées presqu'aussi grandes que vous, habillées à la dernière mode, et dont les mouvemens sont produits par des ressorts d'une nouvelle invention.

SÉRAPHINE.

Je vous remercie, j'ai déjà disposé de l'argent de mes étrennes.

LA MARCHANDE.

Personne ne vous accommodera mieux que moi; et si ce que j'ai ici ne vous paraît pas assez beau, donnez-vous la peine de venir avec moi jusqu'à mon magasin.

SÉRAPHINE.

Ce serait fort inutilement, je vous assure.

LE POLICHINELLE.

LA MARCHANDE.

Je veux vous faire voir une poupée.

CASIMIR, *bas à Séraphine.*

Cette poupée est admirable, tu n'en as jamais eu de si belle.

SÉRAPHINE, *bas à Casimir.*

Je ne veux à présent d'autre poupée que ma petite Mariane.

LA MARCHANDE.

Mademoiselle, je le vois, est trop raisonnable pour s'amuser à la poupée, elle aimera mieux cette jolie toilette en bois de citronier ornée de tous les meubles nécessaires.

SÉRAPHINE.

Elle est mignonne en effet...., mais je ne la prendrai pas davantage.

CASIMIR, *bas à Séraphine.*

Tu as pourtant besoin d'une toilette, ma sœur.

SÉRAPHINE, *bas à Casimir.*

Mariane a encore plus besoin d'un trousseau, mon frère.

LA MARCHANDE.

Bon! je devine que mademoiselle est une personne laborieuse, qui ne se soucie ni de la toilette, ni des jouets, et qui m'achètera de préférence ce petit navire de nacre, dont la cargaison renferme tout ce qu'il faut pour les ouvrages de broderie.

SÉRAPHINE, *examinant le navire.*

Il faut convenir que ce bijou est charmant, et que sa forme est aussi agréable qu'ingénieuse.

CASIMIR.

Combien vaut-il ?

LA MARCHANDE.

Vingt francs.

CASIMIR, *bas à Séraphine.*

Il n'est pas trop cher, je te conseille de l'acheter.

SÉRAPHINE, *de même.*

Tu te moques, je pense. Et le trousseau de Mariane? (*A la marchande.*) Madame, je rends justice à votre marchandise ; mais je ne prendrai rien absolument.

LA MARCHANDE.

Cependant, Mademoiselle, si votre intention est d'acheter, je vous demande la préférence.

SÉRAPHINE.

Je vous le répète, mes dispositions

étaient prises avant votre arrivée.

LA MARCHANDE.

Eh bien, Mademoiselle, n'en parlons plus. J'ai l'honneur de vous saluer. Veuillez accepter mon adresse, je ne demeure qu'à deux pas. (*Elle salue et se retire avec son garçon.*)

SCÈNE XIV.

M. AMAND, CASIMIR, SÉRAPHINE.

M. AMAND.

Tu as de la fermeté, Séraphine, et je t'en félicite. As-tu donc réellement disposé de ta bourse?

SÉRAPHINE.

Oui, mon papa. Je destine le louis que vous avez eu la bonté de me promettre à la fille de cet invalide qui vous

doit la vie..... Vous paraissez surpris....
Ah ! c'est inutilement que vous nous
faites un mystère de vos bonnes actions,
le temps, malgré vous, les découvre.

M. AMAND.

Qui t'a parlé de cet invalide, ma fille ?

SÉRAPHINE.

Lui-même, mon papa. Il est venu ici
dans l'intention de vous témoigner sa
reconnaissance ; le récit qu'il nous a fait
de vos bontés et de la piété filiale de ses
enfans nous a si vivement émus, que
nous sommes convenus de donner à
cette malheureuse famille le prix de nos
étrennes.

M. AMAND.

Il ne faut pas dire nous, puisque Casimir ne partageait pas ton intention.

SÉRAPHINE.

Je vous assure, mon papa, que nous étions parfaitement d'accord de fournir à Charlot et à Mariane un trousseau, pour entrer en apprentissage.

M. AMAND.

Je ne vois pas trop comment il contribuera à cet acte de bienfaisance, puisqu'il vient de mettre son argent dans un fort beau polichinelle.

SÉRAPHINE, *à Casimir qui baisse les yeux d'un air confus.*

Quoi! tu as pu oublier en si peu de temps la promesse que nous avons faite à cet honnête invalide! Ah! mon frère! quelle coupable étourderie! et que tu te prépares de confusion! C'était sans doute pour je n'eusse rien à te reprocher, que tu m'excitais si vivement à disposer aussi une seconde fois de ma bourse.

SCÈNE XV ET DERNIÈRE.

M. AMAND, SÉRAPHINE, CASIMIR, L'INVALIDE, *ses deux Enfans.*

L'INVALIDE *à M. Amand.*

Monsieur, je vous paraîtrai peut-être importun, mais je ne puis laisser passer ce jour sans vous souhaiter, pour le cours de l'année qui se prépare, toutes les prospérités que mérite votre vertu.

M. AMAND.

C'est déjà pour moi un bonheur d'avoir pu conserver à sa famille un brave et honnête homme comme Bruno.

L'INVALIDE.

Il est vrai que le ciel vous récompense déjà en vous donnant deux enfans qui vous ressemblent. Ils ne vous auront pas laissé ignorer ma visite de ce matin, et les bienfaits dont ils se proposent de combler ces pauvres petites créatures?

CASIMIR, *à part*.

Où me cacher, hélas?

(*Mariane prenant la main de Séraphine.*)

Vous voulez donc bien avoir pitié de moi, et vous vous privez de vos étrennes pour me faire entrer en apprentissage? Que je vous en ai d'obligation! (*Séraphine l'embrasse.*)

CHARLOT, *à Casimir*.

Je ne vous ferai point repentir de

votre générosité : comptez à jamais sur la reconnaissance de Charlot.

CASIMIR *voulant se retirer.*

Laissez-moi, vous ne me devez rien.

L'INVALIDE *le retenant.*

Ne privez pas ces pauvres enfans du plaisir de vous témoigner de leur mieux ce qu'ils sentent. Ils ne savent point s'exprimer aussi bien que vous, mais leur bonne volonté mérite de l'indulgence.

CASIMIR.

Mon papa, soyez touché de ma confusion, et permettez-moi de sortir.

M. AMAND.

Ne vaudrait-il pas mieux, mon fils, avouer franchement ta faiblesse?

CASIMIR.

Je suis au désespoir de ce que j'ai fait !

L'INVALIDE.

Que vous est-il donc arrivé?

CASIMIR.

Une chose impardonnable, et qui vous donne le droit de me mépriser.

L'INVALIDE.

Cela n'est pas possible.

CASIMIR.

La vue de ce polichinelle a suffi pour me faire oublier ma promesse..... J'ai employé l'argent que je destinais à votre fils.... Ah ! si je l'avais eu tantôt, je vous l'aurais donné sans regret.

L'INVALIDE.

Qu'entends-je! c'est moi qui suis la

cause du chagrin que vous éprouvez ! Si je l'eusse deviné, je n'aurais point amené ici mes enfans. Consolez-vous, mon cher Monsieur; on est excusable à votre âge de montrer un peu de légèreté. (*Charlot ramasse le polichinelle et le montre à sa sœur avec un air d'admiration.*)

CASIMIR.

Non, je ne m'excuse point moi-même. Je pouvais résister à la tentation aussi bien que ma sœur.

SÉRAPHINE.

Cher frère, c'est réparer sa faute que de la sentir si vivement.

CASIMIR.

L'effet n'en serait pas moins préjudiciable, si mon père ne daignait y remédier, en se chargeant du trousseau de Charlot, comme j'ose espérer qu'il le fera. Je suis déjà bien puni de m'être privé moi-même de ce soin; mais ce n'est point assez, et puisqu'il ne me reste pas autre chose, je donne mon polichinelle à ces enfans pour leurs étrennes.

CHARLOT *à Mariane.*

Entends-tu, ma sœur? Ah! que nous allons nous divertir!

L'INVALIDE.

Laissez cela, enfans; de pareils jouets ne sont pas faits pour vous. (*A M. Amand.*) Monsieur, je ne souffrirai point.....

M. AMAND.

Mon cher Brunot, j'ai promis à mes enfans de ne me point mêler de la disposition de leurs étrennes, et certes je n'ai garde de m'opposer à la punition que mon fils s'impose lui-même, puisque j'y vois la preuve de la sincérité de son repentir. Vous n'ignorez point qu'un honnête homme n'a que sa parole, et qu'il ne sert de rien d'éprouver de bons mouvemens, si l'on n'a la constance de les soutenir.

Fin.

LE
JEUNE PRÉCEPTEUR

OU

LES AVANTAGES DE L'ÉDUCATION.

COMÉDIE EN DEUX ACTES.

PERSONNAGES.

Mme. HORTENSE.
HENRI, son fils.
M. DAMIS.
ÉDOUARD }
THÉODORE } ses fils.
CHARLOTTE, sa fille.
BLAISE, jardinier de madame Hortense.
NICOLAS, fils de Blaise.

La Scène se passe à la campagne, chez madame Hortense au premier acte, et chez M. Damis au second.

LE THÉATRE
DE L'ENFANCE.

LE JEUNE PRÉCEPTEUR
ou
LES AVANTAGES DE L'ÉDUCATION.

Acte premier.
SCÈNE PREMIÈRE.

Le théâtre représente un jardin décoré de vases et de statues. Des massifs d'arbres étrangers sont grouppés avec grâce à différentes distances. Un joli pavillon se fait remarquer à gauche, et dans le fond paraît une grille qui donne sur l'avenue du château.

MADAME HORTENSE, HENRI
tenant un livre à la main.

HENRI.

Ma chère maman, je vous en supplie !

MADAME HORTENSE.

Non, mon fils, toutes tes prières sont inutiles ; je ne puis accorder de récompense à un enfant qui ne me donne aucune satisfaction ; nous étions convenus que je te mènerais à cette fête, si tu pouvais me réciter sans fautes ta leçon de géographie : tu n'en sais pas un mot ; je vais partir sans toi.

HENRI.

Hélas ! aurez-vous le courage de laisser ici tout seul votre pauvre petit Henri ?

MADAME HORTENSE.

Pourquoi non ? il a bien celui de me désoler tous les jours par sa paresse. Il n'écoute ni les prières, ni les remontrances ; peut-être fera-t-il plus d'attention aux châtimens.

HENRI.

Je vois bien que vous ne m'aimez plus.

MADAME HORTENSE.

C'est au contraire parce que je t'aime que je me fais violence dans cette occasion. Sois sûr, mon fils, qu'une mère n'a pas de plus grand plaisir que de se trouver avec ses enfans.

HENRI.

Songez-vous que cette fête se donne chez l'une de vos meilleures amies, et qu'elle doit se terminer par un feu d'artifice !

MADAME HORTENSE.

Je ne doute pas qu'elle ne soit des plus brillantes, et plût-à-dieu que je fusse dans le cas de mon amie qui n'a d'autre but dans cette fête que de récompenser ses enfans des prix glorieux qu'ils ont remportés au collége. Examine bien ce qui se passe dans le monde, et tu verras que le plaisir est toujours le prix du travail.

HENRI.

Je suis encore si jeune ! à sept ans, que peut-on faire ?

MADAME HORTENSE.

Obéir, mon fils. Les parens ne sont point injustes, ils proportionnent à l'âge et à la force de leurs enfans la tâche qu'ils leur imposent. Il serait si doux pour moi de te voir faire des progrès capables de surprendre ton père à son retour !

HENRI.

Vous en avez reçu des nouvelles ce

matin ; que vous marque-t-il de moi ?

MADAME HORTENSE.

Je n'ai pu lui cacher le peu de dispositions que tu montres pour l'étude, et il me presse de te choisir un précepteur, dont le zèle seconde mes propres efforts.

HENRI.

J'espère, ma chère maman, que vous n'en ferez rien.

MADAME HORTENSE.

Pourquoi cela, mon fils ?

HENRI.

Ne puis-je pas m'instruire auprès de vous ?

MADAME HORTENSE.

Tu ne l'as guères prouvé jusqu'ici ; mais d'ailleurs ce précepteur demeurera dans notre maison ; tu es encore trop jeune pour que je te perde de vue.

HENRI.

Vous allez me donner quelque vieillard de mauvaise humeur, qui me chagrinera toute la journée.

MADAME HORTENSE, *en souriant.*

Au contraire. Ton père me désigne un fort jeune homme, dont un de ses amis connaît particulièrement la famille toute composée, à ce qu'il m'assure, de personnes aussi intéressantes qu'estimables. Cette famille s'est établie depuis peu dans notre voisinage : ainsi tu jugeras bientôt par toi-même de ton jeune précepteur.

HENRI.

Quel âge a-t-il donc, je vous prie?

MADAME HORTENSE.

A peu près vingt-quatre ans.

HENRI.

Mais cela n'est point si jeune.

MADAME HORTENSE.

Ah! mon fils, puisses-tu à cet âge être en état de te consacrer comme lui à l'instruction des autres!

HENRI.

Il va donc bien me faire étudier!

MADAME HORTENSE.

Il répondrait mal à notre confiance, s'il négligeait un devoir si essentiel.

HENRI.

C'est une chose bien triste que d'être obligé de s'instruire malgré soi.

MADAME HORTENSE.

Je conviens qu'il serait beaucoup plus agréable de le faire par goût que par nécessité, et j'avoue que ta répugnance à cet égard m'afflige encore plus que ton ignorance.

HENRI.

Mais permettez-moi de vous demander, maman, si à mon âge vous ne trouviez pas aussi l'étude une chose fort ennuyeuse ?

MADAME HORTENSE.

Je suppose, mon fils, que je n'en appréciais pas alors aussi bien l'importance que je le fais aujourd'hui; mais j'avais heureusement des parens dont la sollicitude suppléait à ma raison, et le gré que je leur en ai su depuis m'est un sûr garant de celui que tu me sauras à ton tour.

HENRI.

Oh! pour moi, quand j'aurais des enfans, je me souviendrai des dégoûts que j'éprouve; pour les leur éviter, ils n'étudieront jamais, je vous assure.

MADAME HORTENSE.

Je les plaindrais beaucoup et toi aussi, puisqu'ils ne manqueraient pas de te reprocher par la suite ta funeste complaisance ; mais c'est une menace qui ne m'alarme point. En grandissant tu apprécieras comme les autres les avantages de l'éducation. Tu verras que l'ignorance ne mérite que le mépris, lorsqu'il n'a tenu qu'à soi d'en sortir.

HENRI.

Eh bien, maman, si je dois être persuadé de cela un jour, attends donc que ce moment arrive; je n'en étudierai que mieux.

MADAME HORTENSE.

Il ne serait plus temps. N'as-tu pas

observé qu'on ne sème pas indifféremment dans toutes les saisons ? qu'il y a une époque précise pour cela, et que ceux qui négligent d'ensemencer leur terre dans le temps qu'il faut, comme il est arrivé à ce pauvre métayer qui tomba malade à la fin de l'automne, n'ont aussi rien à recueillir ?

HENRI.

Cela est vrai. Ce malheureux a été réduit toute l'année à la plus affreuse misère, il serait mort de faim sans vos secours.

MADAME HORTENSE.

Eh bien, mon fils, ce qui arrive à la terre arrive aussi aux hommes. Ils ne peuvent recueillir aucun fruit d'une éducation tardive. Les exceptions en sont au moins si rares, qu'elles ne sauraient contredire cette vérité.

UNE FEMME DE CHAMBRE.

Madame, la voiture vous attend.

MADAME HORTENSE.

Cela suffit. Allons, mon fils, supporte courageusement cette privation, occupe-toi utilement pendant mon absence, et n'ajoute pas au chagrin que j'éprouve de te punir, celui de n'en avoir retiré aucun fruit.

HENRI.

Maman! faites-moi grâce!

MADAME HORTENSE.

Je ne me suis laissé fléchir que trop souvent; ma résolution est aujourd'hui inébranlable. Une trop vive obstination de ta part ne ferait qu'augmenter ma sévérité. (*Elle regarde à sa montre.*) Il est cinq heures; je ne reviendrai que demain matin; songe, mon fils, à suivre docilement les conseils de ta gouvernante. Je te défends de me suivre. (*Elle sort.*)

SCÈNE II.

HENRI, seul.

Maman.... maman.... Elle ne m'écoute pas.... que je suis malheureux! Mais quoi! aura-t-elle la cruauté de partir sans moi! Je ne puis me le persuader. (*Il court regarder du côté de la cour.*) La voilà arrêtée sur le perron; elle cause avec ma gouvernante......Si c'était pour lui dire de me venir chercher!... Eh! oui! c'est cela; elle regarde précisément de ce côté..... Vain espoir; on ouvre la voiture, maman s'y élance... elle part... elle est partie!... (*On entend rouler une voiture; Henri revient en pleurant amèrement.*) Elle est partie ! et moi je reste ! C'est la première fois qu'elle me traite si sévèrement; j'ai bien raison de dire qu'elle ne m'aime plus. Hélas ! je ne la verrai donc point cette fête charmante que j'attendais avec tant d'impatience. Adieu le feu d'artifice ! adieu les jeux de toute espèce ! adieu les bons gâteaux dont je comptais si bien me régaler ! (*Il jette son livre avec colère.*) Maudit livre ! c'est toi qui me causes tout ce chagrin. Maudit soit celui qui t'a fait, et celui qui t'a imprimé, et celui qui t'a vendu. J'ai bien affaire de toutes les balivernes que tu renfermes ! Eh ! que m'importe à moi que la terre soit ronde ou carrée. Maudit livre ! méchant livre ! détestable livre ! (*Il le foule sous ses pieds.*)

SCÈNE III.

HENRI, LE JARDINIER.

LE JARDINIER, *en riant.*

Là, là, monsieur Henri, vous allez le mettre en pièces. (*Henri relève son livre d'un air moitié confus, moitié mutin.*) Pouvez-vous traiter ainsi de l'écriture moulée ! un livre où je gage qu'il y a de si belles choses.

HENRI, *brusquement.*

Eh bien ! étudiez-les pour moi.

LE JARDINIER.

Morbleu ! si je savais lire ! Pourquoi ne me l'a-t-on pas enseigné lorsque j'étais à votre âge ? C'est un regret que je conserverai toute ma vie. Vous voyez bien ces cinq doigts-là : j'en donnerais de bon cœur la moitié pour savoir lire comme votre papa.

HENRI.

Si vous connaissiez l'ennui que cela cause, vous ne seriez pas si fou de risquer le plus petit de vos doigts.

LE JARDINIER.

Bah ! qu'est-ce que l'ennui d'étudier, en comparaison des avantages qu'on en retire ?

HENRI.

Quand je serai mon maître, je brûlerai tous mes livres.

LE JARDINIER.

Vous vous en donnerez bien de garde. C'est alors au contraire que vous jouirez du travail que cela vous coûte aujourd'hui.

HENRI.

Non, non, je ne veux pas qu'il en réchappe un seul. J'en ferai le plus beau feu de joie qu'on puisse imaginer.

LE JARDINIER.

Vous aimez cependant passionnément les histoires.

HENRI.

Je m'en ferai raconter, sans prendre la peine de les lire.

LE JARDINIER.

Il y a bien des choses à dire à cela : premièrement il faut toujours attendre son plaisir de la commodité ou de la complaisance des autres ; ensuite les histoires racontées ne sont jamais aussi belles que dans les livres. Quoique je ne sache ni *a* ni *b*, on m'en a lu quelquefois, et j'en ai fort bien fait la différence.

(*Montrant le livre.*) Je gage qu'il y a là dedans les choses les plus intéressantes du monde.

HENRI.

Oh! mon dieu, non, je vous assure. C'est un livre de géographie.

LE JARDINIER.

Un livre de.... comment dites-vous donc ce mot là?

HENRI.

Géographie, c'est-à-dire description de la terre.

LE JARDINIER.

Je voudrais bien savoir ce que cela apprend.

HENRI.

Cela apprend que la terre est ronde, qu'il y a des mers, et des îles au milieu de ces mers, des montagnes bien hautes, de grandes rivières qui descendent de ces montagnes, des pays où il fait toujours chaud, d'autres qui sont presque toujours glacés et où le jour et la nuit durent alternativement six mois de suite.

LE JARDINIER.

Eh! vous ne trouvez pas admirable d'apprendre tant de choses curieuses dans un petit volume comme celui-là, sans être obligé de parcourir la terre et les mers !

HENRI.

Mais il faut se mettre cela dans la mémoire avec beaucoup d'autres choses, et la peine de l'étudier en ôte tout le plaisir.

LE JARDINIER.

Bon ! C'en est un de plus au contraire;

on jouit mieux d'un avantage qu'on s'est acquis par son travail, et je ne dors jamais si bien que lorsque je suis bien fatigué. Il me semble d'ailleurs impossible de séparer la peine des choses même les plus agréables; il s'en trouve un peu dans tout, et je vous ai vu vous mettre en nage et hors d'haleine, en jouant avec vos camarades.

HENRI.

Ah! vraiment cette peine-là n'est rien, je ne la sens point quand je me divertis.

LE JARDINIER.

Ces belles salades que vous aviez entrepris de cultiver vous-même ce printemps, pour jouir du plaisir d'en régaler votre papa à son retour, ne vous a-t-il pas fallu les bêcher plusieurs fois, les sarcler et les arroser soir et matin, avant qu'elles fussent bonnes à cueillir ?

HENRI.

Il est vrai.

LE JARDINIER.

Vous ne les fouliez point aux pieds de dépit, comme vous faisiez tout-à-l'heure de votre livre.

HENRI.

C'est que j'étais sûr que ma salade, après tant de soins, deviendrait grosse, tendre et délicieuse, et que mes parens me sauraient fort bon gré de la peine que je prenais pour eux.

LE JARDINIER.

Il en arriverait autant de vos études, assurément. Non seulement vous en retireriez pour vous de grands avantages, mais vos parens en seraient encore plus satisfaits que de la salade.

HENRI.

Eh ! mon dieu ! maître Blaise, de quoi vous mêlez-vous ? Il ne sied point aux ignorans de prêcher les autres sur la science.

LE JARDINIER.

Monsieur Henri, lorsque les ignorans ne le sont point par leur faute, on ne doit point mépriser leurs conseils. Un pauvre, pour être privé d'argent, n'en sait pas moins ce qu'il vaut ; et, pour moi, j'estime si fort les gens habiles, que je me prive de beaucoup de douceurs afin que mon fils puisse aller à l'école tous les jours. Malheureusement Nicolas ne répond point comme je voudrais aux sacrifices que je fais en sa faveur : c'est un petit vaurien qui ne songe qu'à se divertir.

HENRI.

Il a raison.

LE JARDINIER.

Fi donc ! Monsieur ! devriez-vous parler comme faites ? Hélas ! j'ai servi, il y a quelques années, un Monsieur dont le fils ne vous ressemblait pas. A la vérité, il était un peu plus âgé que vous; mais aussi combien il savait de choses ! Quel plaisir il prenait à s'instruire ! Avec quelle complaisance il faisait part aux autres de ce qu'il trouvait de curieux dans ses livres. Lorsque je lui témoignais, comme à vous, le chagrin de n'être qu'une bête, il me répondait en souriant : Console-toi, maître Blaise; je vais te régaler d'une jolie histoire.

Puis il courait chercher un livre, et s'asseyait près de moi, pendant que je prenais mon repas à l'ombre.

HENRI.

Quelles histoires vous lisait-il donc ?

LE JARDINIER.

Celle que je me rappelle le mieux était l'histoire de Joseph vendu par ses frères. Nous pleurions tous deux, car elle est bien touchante. Quelquefois il me lisait aussi des instructions sur le jardinage ; et je puis dire que, tout jeune qu'il était, ce cher M. Édouard m'enseignait beaucoup de choses qui m'ont été fort utiles par la suite. Hélas ! des malheurs survenus dans sa famille obligèrent son père à me congédier ; j'ai même ouï dire depuis qu'ils étaient tout-à-fait ruinés.... Que Dieu prenne pitié d'eux ! C'étaient

***

de si honnêtes gens! Pour moi, je n'oublierai jamais les bontés de ce jeune M. Édouard, qui doit être aujourd'hui un grand garçon.

HENRI.

Croyez-vous donc, maître Blaise, que, si je le voulais, je ne vous apprendrais pas aussi une multitude de choses que vous ignorez?

LE JARDINIER.

Vous, Monsieur Henri?

HENRI.

Moi-même.

LE JARDINIER, *en riant.*

Ma foi, il me semble qu'on ne peut pas devenir bien savant de la manière que vous vous y prenez. (*Il fait le geste de fouler quelque chose aux pieds.*)

HENRI, *en colère.*

Que je devienne habile ou non, cela ne vous regarde point; et vous feriez beaucoup mieux de vous mêler de votre jardin. (*Il sort.*)

SCÈNE IV.

LE JARDINIER, NICOLAS.

NICOLAS.

Mon père, qu'a donc M. Henri ; il a l'air tout courroucé ?

LE JARDINIER.

Ce ne sont point là tes affaires. Dis-moi plutôt pourquoi tu arrives si tard de l'école ? Voilà le jour fini, et le terreau n'a point été conduit où je t'avais dit de le mettre.

NICOLAS.

Ce n'est pas moi qui ferme la classe ;

puis-je obliger le maître à nous congédier plutôt?

LE JARDINIER.

Vous ne me dites point la vérité, maître fripon ; il y a plus d'une heure que j'ai vu passer les écoliers du village voisin.

NICOLAS.

Nous sommes sortis en même temps, j'en conviens; mais une douleur que j'ai au pied m'a empêché de marcher aussi vite qu'eux.

LA JARDINIER.

N'est-ce pas plutôt que tu t'es amusé en route avec ce vaurien de Pierrot? Si cela est, je te casse les bras.

NICOLAS.

Oh bien, cela n'est pas, je vous assure.

LE JARDINIER.

Je te défends de fréquenter Pierrot. C'est un garçon joueur et libertin, qui finira mal infailliblement. Tu n'as pas besoin de ses mauvais conseils pour me désoler. Ton maître se plaint que tu ne t'appliques à rien de ce qu'il t'enseigne. Les pauvres pères sont bien sots de se tourmenter pour de pareils garnemens ! Ils dépensent pour eux le prix de leurs sueurs, sans qu'ils le mettent à profit ; nous ferions beaucoup mieux de vous laisser vivre à votre guise, tous autant que vous êtes. (*Il sort.*)

SCÈNE V.

NICOLAS, *seul.*

Pour moi, je serais fort de cet avis. Les parens sont bien heureux de n'avoir personne qui les gronde ! D'où viens-tu ? que fais-tu ? Je te défends ceci, je t'ordonne cela; voilà ce qu'il faut écouter toute la journée. On dirait que nous n'avons pas aussi nos affaires, nous. Vraiment, si j'étais revenu droit ici, j'aurais eu tout le temps nécessaire pour transporter le terreau; mais je n'aurais point déniché ce nid de merles, qui me vaudra de l'argent à faire à la foire, pour jouer aux quilles avec Pierrot.

SCÈNE VI.

HENRI, NICOLAS.

HENRI.

Ah ! te voilà, Nicolas ? Il me semble que tu reviens aujourd'hui bien tard.

NICOLAS.

Cela est vrai, et mon père s'en est

aperçu comme vous; mais je suis bien étonné de vous rencontrer ici ; je vous croyais parti pour cette belle fête, où vous étiez invité.

HENRI.

Hélas ! mon pauvre Nicolas! je suis bien malheureux !

NICOLAS.

J'ai cru voir passer Madame dans sa voiture.

HENRI.

Tu ne t'es pas trompé. Elle est allée sans moi à la fête.

NICOLAS.

Il faut donc que vous ayez commis quelque grande faute.

HENRI.

Ne devines-tu pas que c'est ma maudite leçon qui en est cause? J'avais promis de la répéter exactement, et pour mieux l'étudier, j'étais venu m'enfermer dans ce pavillon. A peine avais-je ouvert mon livre, que j'entends un petit oiseau faire cuic cuic, sous la fenêtre du pavillon. Je m'avance pour regarder; j'aperçois une fauvette qui sortait sans doute de son nid pour la première fois, et qui volait encore si mal, que je me suis flatté de l'attraper aisément. Je laisse là mon livre pour courir après elle; la petite pécore semblait se moquer de moi. Tout en m'obstinant à la poursuivre, j'ai laissé passer l'heure de ma leçon, et l'oiseau et la fête me sont échappés tous les deux.

NICOLAS.

Avec cela votre leçon était peut-être difficile.

HENRI.

Pas absolument; mais la fauvette ne m'a pas laissé le temps d'en apprendre une ligne.

NICOLAS.

Eh! sur quoi roulait-elle?

HENRI.

Sur le cours des quatre grands fleuves de la France.

NICOLAS.

Le beau malheur de n'avoir pu en rendre compte! Cela les empêche-t-il de couler?

HENRI.

Tu as bien raison.

NICOLAS.

Les parens n'ont aucune pitié de leurs

pauvres enfans. Ils leur rompent la tête de mille choses qui ne sont propres qu'à les ennuyer, sans égard pour leur âge, sans compassion pour leurs goûts. A peine leur laissent-ils le temps de se divertir ; et puis ils appellent cela la plus belle époque de notre vie ! C'en doit être au contraire la plus désagréable, puisqu'on n'est pas le maître de faire ce qu'on désire.

HENRI.

Tes réflexions, Nicolas, me paraissent tout-à-fait justes, et je voudrais que maman t'entendît ; cela la ferait peut-être changer de sentimens ; car tu ne sais pas, mon pauvre garçon, que pour augmenter mes chagrins, on va me donner un précepteur.

NICOLAS.

Bon! avez-vous donc besoin de devenir si savant, riche et fils unique comme vous êtes ? Votre fortune ne vous procurera-t-elle pas aisément de quoi vous divertir, sans que vous preniez aucune peine ?

HENRI.

Sans doute.

NICOLAS.

Moi, quand je ne saurais ni lire, ni écrire, en aurais-je moins deux bons bras pour travailler à la terre ?

HENRI.

C'est ce que je disais à ton père, il n'y a qu'un moment; mais il n'y a pas moyen de faire entendre raison à nos parens, et, malgré tout ce que nous pouvons dire, on veut absolument nous rendre habiles. Sans cette fantaisie qu'a ma mère, je jouirais à présent des plaisirs de la fête où elle est allée : tout mon chagrin se renouvelle à cette pensée. Si je pouvais voir seulement le feu d'artifice, je me consolerais du reste.

NICOLAS.

Écoutez : la maison n'est qu'à une demi-lieue d'ici; voulez-vous que je vous y conduise ?

HENRI.

Tu badines, je pense. Hé! que dirait maman ?

NICOLAS.

Nous ne serons pas si étourdis que de nous faire voir. Ne m'avez-vous pas dit qu'un feu d'artifice s'exécute en plein air?

HENRI.

Oui, et je crois que celui de madame

Dorimène est placé au milieu de l'avenue, en face du château.

NICOLAS.

Il nous sera donc bien facile d'en jouir sans que personne s'en doute. Nous courrons tout le long du chemin pour qu'on ne s'aperçoive pas ici de notre absence.

HENRI.

Mais, Nicolas, tu me proposes là une mauvaise action.

NICOLAS.

Si cela vous déplaît, M. Henri, n'en parlons plus. Je ne connais pourtant pas d'autre moyen de vous faire voir le feu d'artifice.

HENRI.

Si j'étais bien assuré que maman ne le découvrît pas ?

NICOLAS.

Qui le lui dira, s'il vous plait?

HENRI.

C'est que je crains..... En partant à présent, je crois que nous arriverions à l'heure..... Quel plaisir de voir les fusées, les étoiles, les soleils, et surtout le bouquet!..... Oh! le bouquet vaut à lui seul le voyage..... Mais, Nicolas, ne faut-il pas traverser la forêt? Si nous allions nous perdre.....

NICOLAS.

N'ayez pas peur; je connais bien le chemin.

HENRI.

Eh bien! voilà qui est décidé; je m'abandonne à ta conduite : sortons par cette grille; elle n'est pas fermée.

NICOLAS.

Ma foi, vive la hardiesse ! Nous verrons le feu d'artifice en dépit de toutes les leçons du monde. (*Ils sortent par la grille.*)

Acte Second.

SCÈNE PREMIÈRE.

Le théâtre représente un salon meublé avec une extrême simplicité. Une fenêtre ouverte dans le fond laisse apercevoir la forêt.

THÉODORE, CHARLOTTE.

(*Ils paraissent sortir avec précaution de la chambre voisine.*)

THÉODORE.

Notre père dort profondément ; ne faisons pas de bruit, Charlotte. Il a passé une partie de la nuit à écrire ; ce repos lui est bien nécessaire.

CHARLOTTE.

Puisse-t-il être plus gai et plus satisfait à son réveil !

THÉODORE.

Nous ne devons guères l'espérer dans la situation où il se trouve. Perdre toute sa fortune est un coup si funeste !

CHARLOTTE.

Est-ce que nous ne reviendrons jamais riches ?

THÉODORE.

Hélas ! il n'y a pas d'apparence que ceux qui ont injustement dépouillé notre père, le remettent dans ses droits, et le seul espoir qui nous reste d'adoucir son sort et le nôtre, c'est de suppléer par nos talens à la fortune qui nous manque.

CHARLOTTE.

Nos talens! Nous sommes bien éloignés encore du temps où nous pourrons en tirer parti!

THÉODORE.

Plus nous mettrons de zèle à nous instruire, plus nous avancerons cette époque désirée. Notre frère Édouard est sur le point d'en jouir; c'est sur lui que repose en ce moment l'espoir de notre père. Ah! qu'il me tarde d'être parvenu à son âge!

CHARLOTTE.

Oui, pour t'éloigner aussi de la maison. Voilà trois mois qu'Édouard est à Paris, où il occupe un emploi qui l'y fixera peut-être pour toujours. Il t'en arrivera sans doute autant, et je serai privée de mes deux frères.

THÉODORE.

Console-toi, Charlotte ; tu auras pour ta part le soin d'adoucir à notre père les ennuis de la vieillesse. Si ce pieux emploi ne nous fait pas oublier, il t'aidera du moins beaucoup à supporter notre absence.

CHARLOTTE.

Commences-tu à t'accoutumer à cette habitation rustique ? Pour moi, j'avoue qu'elle ne me paraît pas aussi désagréable que le premier jour.

THÉODORE.

C'est que tu la comparais aux riches appartemens que nous venions de quitter; et mon père avait raison de te dire qu'il n'y a point d'objet si laid auquel on ne s'habitue avec le temps. Il ne t'en a pas fallu beaucoup pour te convaincre de cette vérité. (*Théodore prépare sur une table ce qui est nécessaire pour écrire.*)

CHARLOTTE.

Est-ce que tu songes déjà à te mettre à l'ouvrage ? Il n'est pas cinq heures.

THÉODORE.

On dit que le matin est le moment le plus favorable à l'étude.

CHARLOTTE.

Pour moi, je ne saurais m'appliquer en sortant du lit. Il faut que j'aille faire un tour dans la forêt : La fraîcheur de l'air me fera du bien. (*Elle sort.*)

SCÈNE II.

THÉODORE *seul.*

Charlotte a raison ; il est de bien bonne heure, et la matinée doit être charmante ! Quel plaisir de voir briller le soleil levant entre le feuillage et la rosée sur le sein des fleurs ! de sentir un petit vent frais, d'entendre les concerts des petits oiseaux !...... Allons.. (*Il s'arrête et revient.*) Oui ; mais qu'il est doux aussi de prouver à un tendre père malheureux toute la bonne volonté qu'on a de le satisfaire ! Quand je pense aux services que je puis lui rendre un jour, une minute de perdue pour mon travail me paraît une faute impardonnable. Imitons l'activité d'Édouard. Quoiqu'il ne fût pas dans une situation semblable à celle-ci, ce cher frère aimait si passionnément l'étude, qu'il se levait avec le jour pour travailler : aussi est-il devenu le soutien de sa famille. Mettons-nous donc à l'ouvrage. (*Il s'assied devant une table.*) Continuons les lettres de Pline le jeune. J'en suis, je crois, au récit qu'il fait à Tacite de la mort de son oncle, Pline le naturaliste, qui périt lors de la première éruption du Vésuve. (*Il se met à écrire.*)

SCÈNE III.

THÉODORE *écrivant*, CHARLOTTE, HENRI. (*Il a ses habits déchirés et en désordre.*)

CHARLOTTE *à Henri*.

Entrez, entrez, Monsieur; mon papa n'est pas encore levé, mais mon frère et moi nous vous recevrons avec grand plaisir.

THÉODORE *se levant*.

Qu'est-ce que c'est donc, Charlotte?

CHARLOTTE.

En sortant de la maison, j'ai rencontré ce jeune Monsieur qui venait nous demander un asile. Il dit qu'il s'est égaré hier soir dans la forêt, et qu'il n'a fait qu'errer toute la nuit dans de grandes frayeurs.

HENRI, *pleurant.*

Hélas! je ne sais comment je n'en suis pas mort. La fatigue, le froid, l'épouvante et le chagrin m'accablaient à la fois. Il me paraissait impossible de sortir jamais de cette forêt. L'obscurité était si profonde, que je ne pouvais rien distinguer; mais j'entendais des bruits qui me remplissaient de terreur. Tantôt je me tapissais à terre sans oser remuer, tantôt je courais de toutes mes forces à travers des ronces qui me déchiraient les habits et les mains. Enfin, je puis bien vous assurer que cette cruelle nuit

La fatigue, le froid, l'épouvante et le chagrin m'accablaient à la fois.

ne sortira jamais de mon souvenir.

CHARLOTTE.

Pauvre enfant! il me fait compassion! Ses habits sont tout humides! Mon frère, il faut que j'aille lui chercher un des tiens.

THÉODORE.

Va, ma sœur; mais prends bien garde de réveiller notre père. (*Charlotte s'éloigne.*)

SCÈNE IV.

THÉODORE, HENRI.

THÉODORE, *à Henri qui continue de pleurer.*

Ne vous affligez pas davantage : vos infortunes sont finies. Nous ne vous laisserons pas aller seul. Mais par quelle aventure, je vous prie, vous êtes-vous égaré la nuit dans cette forêt? Les enfans de votre âge n'ont guères coutume de se promener le soir sans avoir quelqu'un qui les accompagne.

HENRI.

Je n'étais pas seul non plus. Je me rendais à une maison voisine avec le fils de notre jardinier, lorsque tout-à-coup une bête (je ne sais si c'est un loup ou un chien), que nous avons entrevue, nous a fait tant de peur, que nous nous sommes mis à fuir chacun de notre côté. Séparé ainsi de mon guide, il m'a été impossible de retrouver mon chemin.

SCÈNE V.

THÉODORE, HENRI, CHARLOTTE
avec un habit.

CHARLOTTE, *à Henri.*

Tenez, mettez cet habit, et quittez le

vôtre. Il sera peut-être un peu grand pour vous; mais cela ne fait rien.

HENRI.

Vous êtes trop bonne, Mademoiselle, et je suis bien heureux, dans mon malheur, de vous avoir rencontrée.

THÉODORE.

Puisque vous avez passé la nuit sans dormir, vous devez avoir un besoin pressant de déjeûner.

HENRI.

Non, j'ai le cœur trop serré pour cela. Je vous prie de me laisser le temps de me remettre un peu. C'est une terrible aventure que de passer la nuit en plein air, tout seul, et sans savoir que devenir. J'aimerais mieux étudier dix leçons dans le même jour que de recommencer une pareille épreuve.

★★

THÉODORE.

Vraiment je n'ai pas de peine à le croire, et vous comparez là des choses qui ne se ressemblent guères; car il y a souvent du plaisir à étudier; il n'y en a jamais à se perdre.

HENRI.

Vous trouvez du plaisir à étudier?

THÉODORE.

Sans doute.

HENRI.

Franchement, je ne suis pas de votre avis.

THÉODORE.

Il est vrai qu'on rencontre quelquefois de grandes difficultés; mais le plaisir de les vaincre n'en devient que plus vif, et à mesure qu'on avance dans ses études, on s'y plaît davantage.

CHARLOTTE.

C'est une chose dont je fais l'expérience tous les jours, depuis que j'étudie l'Histoire romaine. Chaque fait donne de l'intérêt à celui qui le suit, et je serais très-mortifiée de ne pas apprendre ce que deviennent les personnages illustres avec lesquels j'ai déjà fait un peu connaissance.

HENRI.

Peut-être trouverais-je aussi l'histoire plus agréable ; mais on ne m'enseigne en ce moment que la géographie. Savez-vous ce que c'est ?

THÉODORE *en souriant.*

Un peu.

HENRI.

Ne la trouvez-vous pas, comme moi, fort insipide ?

CHARLOTTE.

C'est la chose la plus divertissante du monde. Nous nous délassons par elle des autres études, et nous n'avons pas de plus grand plaisir que de suivre sur la carte la route des grands capitaines.

THÉODORE.

Sans la géographie, les histoires auraient moins d'intérêt, moins de clarté. Par exemple, je comprends bien mieux les difficultés dont triompha le courage d'Alexandre, lorsque je lis la description des pays et des fleuves qu'il fut obligé de traverser ; et on aura beau me répéter que l'empire romain s'étendait depuis l'Angleterre jusqu'à Carthage, je ne me ferai jamais une juste idée de sa grandeur, si je n'ai commencé par apprendre où se trouvent situés ces deux pays.

HENRI.

Mais où est donc la nécessité d'apprendre tout cela ? Quelque plaisir que vous preniez à des choses qui, selon moi, ne causent que de l'ennui, il n'est pas possible que vous n'aimiez encore mieux jouer à Collin-Maillard ou aux quatre-coins.

THÉODORE.

Le jeu ne nous déplaît pas; mais nous sommes assez raisonnables pour comprendre qu'il ne nous servira pas de grand' chose par la suite, au lieu que nos études nous procureront de précieux avantages.

CHARLOTTE.

Mon papa nous répète souvent que

l'éducation répare les torts de la fortune.

HENRI.

Mais, lorsqu'on est riche....

CHARLOTTE *en soupirant.*

Il y a des personnes qui ont été riches, et qui ne le sont plus.

THÉODORE.

Vous voyez en nous un exemple. Mon père possédait à Paris un bel hôtel ; il l'avait orné de meubles magnifiques; des méchans lui ont intenté un procès injuste à la suite duquel il a été obligé de quitter toutes ses richesses pour venir habiter cette petite métairie, dont le revenu est insuffisant pour nous faire vivre. Nous serions donc réduits à mourir de faim, sans mon frère aîné qui occupe une place à Paris, et partage généreusement avec nous le fruit de son travail.

CHARLOTTE.

S'il n'eût songé qu'au jeu dans son enfance, il ne serait pas aujourd'hui en état de préserver sa famille du désespoir.

HENRI.

Vous me surprenez étrangement. Je n'imaginais pas qu'une personne riche pût jamais devenir pauvre.

THÉODORE.

C'est que vous êtes encore bien jeune. Pour nous, depuis que ce malheur nous est arrivé, notre père nous a fait apercevoir qu'il n'y avait rien de si commun dans le monde, et qu'il y a mille circonstances imprévues propres à renverser la fortune la mieux établie.

HENRI.

Mes parens pourraient donc aussi devenir pauvres?

CHARLOTTE.

Dieu les en préserve! Mais, hélas! nous avons cru bien long-temps n'avoir rien à redouter de semblable, et vous voyez ce qui arrive.

HENRI.

Ah! si je pouvais, par mon travail, leur rendre un jour tout ce qu'ils auraient perdu, avec quel courage n'étudierais-je pas!

THÉODORE.

On ne saurait prévoir l'avenir; mais, croyez-moi, ne vous rebutez pas pour quelques difficultés qui se rencontrent. Si le sort de votre famille venait malheureusement à changer, vous ne seriez plus à temps de leur être utile ; il vaut donc mieux vous y préparer à tout hasard.

CHARLOTTE.

Pour nous, nous avons sans cesse devant les yeux l'exemple de notre frère Edouard, et nous sommes si touchés des consolations qu'il procure à notre père, que nous n'aspirons qu'à nous rendre dignes de lui en offrir aussi un jour.

HENRI *leur prenant les mains.*

Mes chers amis ! que tout ce que vous me dites me paraît juste et attendrissant ! Je reconnais que vous êtes bien plus raisonnables que moi ; mais je ne laisse pas de vous comprendre parfaitement.

THÉODORE.

Je m'en réjouis par amitié pour vous,

persuadé que vous vous trouverez fort bien de nos conseils.... Mais j'entends du bruit dans la chambre de mon père ; je vais lui aider à s'habiller, puisqu'il n'a plus de valet de chambre.

SCÈNE VI.

HENRI, CHARLOTTE.

CHARLOTTE.

A quelque chose malheur est bon. Votre aventure de cette nuit sera cause que vous aurez réfléchi sur des circonstances que vous ne soupçonniez même pas ; et, s'il en résulte pour vous plus d'application dans vos études, vos parens n'en seront peut-être pas fâchés ; mais je pense qu'ils doivent être cruellement inquiets à cette heure.

HENRI *pleurant.*

Hélas!

CHARLOTTE.

Vous pleurez!

HENRI.

Ce n'est pas sans raison.... Si vous saviez ce que j'ai fait!

CHARLOTTE.

Expliquez-vous, de grâce.

HENRI.

Je ne me suis égaré dans la forêt que par suite d'une désobéissance formelle aux ordres de ma mère. De mauvais conseils m'ont détourné de mon devoir; j'en ai tous les regrets du monde; mais je n'ose espérer que maman me pardonne.

CHARLOTTE.

Ne vous affligez pas trop. Quoique j'aie perdu la mienne de bonne heure, je sais que les mères sont toujours prêtes à recevoir avec tendresse un enfant qui reconnaît ses fautes.

HENRI.

Oh! une autre fois, je me garderai bien d'écouter Nicolas, lorsqu'il me parlera comme il faisait hier. Vos conseils valent bien mieux que les siens.

CHARLOTTE.

Quel est ce Nicolas?

HENRI.

C'est le fils de Blaise, notre jardinier.

CHARLOTTE.

Il me semble que nous avons eu aussi

un jardinier de ce nom; c'est peut-être le même.

HENRI.

Cela pourrait bien être, car hier soir encore il me parlait d'un jeune Monsieur Edouard, dont il me vantait l'application et les progrès. N'est-ce pas le nom de votre frère?

CHARLOTTE.

Oui, vraiment. Il se souvient aussi de Blaise, comme d'un excellent homme, et je me réjouis de pouvoir lui en donner des nouvelles.

HENRI.

Il est vrai que maître Blaise, malgré son ignorance, estime particulièrement les gens instruits, et qu'il m'excite sans cesse à le devenir; mais son fils me prêche tout le contraire.

★★★

CHARLOTTE.

Vous ferez donc sagement de ne plus l'écouter ; mais convenons que les mauvais conseils ne nous égarent guère que lorsque nous le voulons bien, et qu'ils ne seraient pas mieux reçus que les autres, s'ils ne s'accommodaient à nos désirs.

HENRI.

Je ne veux plus d'autre société que la vôtre, et celle de votre frère.

SCÈNE VII.

CHARLOTTE, HENRI, ÉDOUARD.

ÉDOUARD, *embrassant sa sœur.*

Ma chère Charlotte ! que j'ai de plaisir à te revoir.

CHARLOTTE.

Embrasse-moi encore, mon cher

frère ! Quel bonheur te ramène au milieu de nous ? Puis-je espérer que tu ne nous quitteras plus ?

ÉDOUARD.

C'est une douceur dont il ne nous est plus permis de nous flatter, et cette privation est une des plus cruelles que la mauvaise fortune m'impose ; mais, chère sœur, apprenons à la supporter courageusement, et que notre amitié n'en souffre jamais aucune atteinte. (*Montrant Henri.*) Quel est ce jeune enfant ?

CHARLOTTE.

C'est un petit voisin qui se trouve en ce moment..... Mais voici mon père.

SCÈNE VIII.

M. DAMIS, ÉDOUARD, THÉODORE, CHARLOTTE, HENRI.

M. DAMIS.

Que vois-je! Mon cher Édouard!
(*Ils s'embrassent.*)

ÉDOUARD.

Mon père! je rends grâce au ciel qui vous donne la force de supporter le poids de vos chagrins. Viens aussi dans mes bras, mon cher Théodore!

THÉODORE.

Ton arrivée me cause une surprise bien agréable; nous ne comptions guères sur le plaisir de te revoir de sitôt.

ÉDOUARD.

Je vais vous raconter......

M. DAMIS.

Un moment, mon fils ; nous avons un devoir d'hospitalité à remplir à l'égard de ce jeune enfant. Il paraît qu'il s'est égaré cette nuit ; le repos et la nourriture lui sont également nécessaires. Théodore et Charlotte, conduisez-le à notre vieille servante, et faites-lui préparer un lit, pendant qu'il déjeûnera. Lorsqu'il sera un peu défatigué, nous nous occuperons de le rendre à sa famille. (*Théodore et Charlotte emmènent Henri.*)

SCÈNE IX.

M. DAMIS, ÉDOUARD.

M. DAMIS.

Eh bien! mon fils, le ciel daigne-t-il récompenser ta piété filiale, en te faisant goûter, dans la place que tu occupes, les dédommagemens que tu mérites si bien ? Car tu es devenu l'unique appui de ton père et de tes frères. Mais, loin de m'en sentir humilié, il m'est doux au contraire de recevoir de ta jeunesse les seules consolations que je pouvais accueillir dans ma disgrâce. Oui, je m'énorgueillis des vertus de mon Édouard; et, puisque la Providence m'a condamné à la pauvreté, je ne veux considérer ce malheur que comme une occasion qu'elle t'offre de mériter les louanges de l'univers.

ÉDOUARD.

Ah ! mon père ! mérite-t-on des louanges pour avoir accompli le plus saint et le plus naturel de tous les devoirs? Eh ! d'ailleurs, quand je pourrais vous consacrer le reste de ma vie, vous rendrai-je encore tous les bienfaits que j'ai reçus de vous depuis ma naissance ? Ne me parlez donc plus d'obligations. Quant à la place que j'occupe, hélas ! je me vois sur le point de la perdre. Celui de qui je dépends exige de mon honneur des sacrifices qui ne peuvent s'accorder avec les principes que vous m'avez donnés, et je venais vous consulter......

M. DAMIS.

Mon fils, je connais ta vertu et la solidité de ton jugement. Si tu répugnes à commettre l'action qu'on te propose, je n'ai pas besoin d'en savoir davantage pour t'exhorter à t'y refuser, quelque chose qui en arrive. Mourons plutôt de misère dans cet asile ignoré que d'engager notre conscience. Heureux ou malheureux, chaque journée nous conduit à une époque où les affaires les plus importantes de ce monde ne nous paraîtront plus dignes que de mépris, et où la seule nécessaire sera de s'être conservé sans reproches.

ÉDOUARD,

Croyez que sans mon amour pour vous, je n'aurais pas hésité à prendre mon parti; mais dans la situation où la fortune nous a réduits, il est bien excusable de n'oser se prononcer, lorsqu'il s'agit du sort de tant de personnes si chères. J'abandonnerai donc l'homme injuste qui croit pouvoir acheter par son or la conscience de l'indigent; et peut-être la récompense de notre courage n'est-elle pas éloignée. Votre respectable ami, M. Licidas, me flatte d'une place de précepteur dans une maison fort riche, où il n'y a qu'un fils unique.

M. DAMIS.

Je crains, mon fils, que ta jeunesse ne soit un obstacle à ce projet. On n'est pas obligé de savoir comme moi combien la raison a devancé chez toi les années, et tout ce que ton amour pour ta famille t'inspire de sagesse.

ÉDOUARD.

Bannissez cette inquiétude, mon père. Les parens dont il s'agit ne veulent au contraire placer auprès de leur enfant qu'un précepteur dont l'âge n'ait rien qui l'effarouche; leur dessein étant de le subjuguer par l'affection plutôt que par la crainte.

M. DAMIS.

Ils ne sauraient donc s'adresser plus

heureusement, et je ne doute pas maintenant que tu ne leur conviennes; mais n'espérons pas que tu te trouves également satisfait. Rien n'est plus difficile que d'élever comme il faut un fils unique sous les yeux de sa mère. La faiblesse de celle-ci s'oppose presque toujours aux meilleurs systèmes d'éducation, et le soin de lui complaire ne s'accorde que rarement avec les devoirs qu'exige une pareille place.

ÉDOUARD.

Juge si je dois bénir la providence! M. Licidas m'a représenté cette famille, la mère elle-même, car le père est maintenant en voyage, pénétrée pour ce fils d'une tendresse si sage et si éclairée, qu'un précepteur ne peut manquer d'en être secondé avec succès.

M. DAMIS.

Certes, mon ami, de pareilles mères sont très-rares, surtout lorsqu'elles n'ont qu'un seul enfant, et je vois bien que cette rencontre est pour nous une faveur signalée. Ne pourrais-tu m'apprendre le nom de cette famille estimable?

ÉDOUARD.

Ma mémoire l'a laissé échapper; mais je vous le dirai tantôt, car je l'ai par écrit. Je me souviens, seulement, et cette circonstance me fait désirer plus vivement de réussir, que sa maison de campagne n'est pas fort éloignée d'ici.

M. DAMIS.

Il y a trop peu de temps que j'habite cette maison, et mes tristes affaires m'ont trop exclusivement occupé pour que je connaisse notre voisinage.

SCÈNE X.

M. DAMIS, EDOUARD, THÉODORE, MADAME HORTENSE.

THÉODORE, *à madame Hortense.*

Madame, voilà mon père et mon frère.

MADAME HORTENSE.

Je suis enchantée, Messieurs, de vous trouver réunis, et ce jeune homme (*montrant Edouard*) est sans doute le précepteur dont M. Licidas a parlé si avantageusement à mon mari (*Edouard salue respectueusement*). Nous n'avons qu'un fils unique; notre plus ardent désir est de le voir devenir un jour un honnête homme : nous espérons, Monsieur, que vous nous seconderez avec zèle dans l'accomplissement de cette tâche.

ÉDOUARD.

Madame, si vous daignez m'honorer de votre confiance, je ferai tout ce qui dépendra de moi pour y répondre....; mais vous me voyez confus de m'être laissé prévenir.

M. DAMIS.

J'aurais aussi grand besoin de votre indulgence, Madame, si mon ignorance ne me servait d'excuse. Je ne fais que d'être instruit de vos favorables dispositions pour mon fils, et quant aux devoirs de politesse que prescrit ordinairement le voisinage, lorsque vous connaîtrez ma situation.....

MADAME HORTENSE.

Croyez, Monsieur, que je n'attache à ces sortes d'usages que la juste importance qu'ils méritent; et que si j'avais obtenu plutôt les renseignemens avantageux que j'ai recueillis sur votre famille, je ne me serais point privée si long-temps du plaisir de la connaître. Ils sont tels que je regarde à présent l'emploi dont veut bien se charger votre fils, comme la plus grande faveur qui puisse arriver au mien.

ÉDOUARD, *baissant les yeux.*

Madame, je ne mérite point des expressions si flatteuses.

MADAME HORTENSE.

Monsieur, elles partent d'un cœur justement pénétré d'admiration. Non-seulement mon mari m'écrit à votre sujet des choses bien propres à vous mériter mon estime, mais je sors d'une maison où l'on a achevé de me faire connaître vos vertus. Je sais que dans l'âge de la frivolité et des plaisirs, vous avez supporté avec une héroïque constance le malheur le moins mérité, et que le bonheur de votre famille vous occupe uniquement. Jugez si j'apprécie une telle conduite ! Ah ! mon fils, avec un pareil modèle, ne peut que me rendre la plus heureuse des mères ! (*A M. Damis.*) Monsieur, ne me cachez point vos larmes, la source en est trop belle !

M. DAMIS.

O providence ! il n'y a que toi qui saches faire naître de si grandes douceurs du sein même de la plus cruelle adversité ! Jamais père, Madame, ne fut à la fois si heureux et si digne de compassion ; car si d'un côté la fortune épuise sur moi ses rigueurs, de l'autre mes chers enfans me consolent par tout ce que la tendresse et la vertu offrent de plus aimable. Édouard anime par son exemple son jeune frère et sa sœur, qui brûlent déjà de l'imiter.

THÉODORE.

Il est bien vrai, mon cher papa, que nous ne voulons rien négliger pour avancer l'instant où nous pourrons aussi vous être utiles. Malheureusement nous sommes encore bien jeunes.

MADAME HORTENSE.

Ne vous découragez pas, mes bons amis. Les années s'écoulent plus promptement que vous ne pensez, et leur bon emploi est un trésor qui ne vous échappera point.

SCÈNE XI.

LES PRÉCÉDENS, CHARLOTTE.

CHARLOTTE.

Mon papa, le petit Monsieur ne fait que pleurer ; il demande à être ramené chez lui.

M. DAMIS, *à Édouard.*

C'est un enfant qui s'est égaré dans la forêt; il faut que tu le reconduises chez ses parens, mon cher fils, si toutefois la course n'est pas trop longue, car tu dois être fatigué.

MADAME HORTENSE.

Je me charge de le prendre avec moi dans ma voiture, et de le faire ramener par l'un de mes gens. Faites-le venir, je vous prie, Mademoiselle. (*Charlotte se retire. Madame Hortense continue en s'adressant à Édouard.*) Quant à vous, Monsieur, vous êtes le maître de venir occuper votre emploi, dès que vos affaires vous le permettront.

SCÈNE XII ET DERNIÈRE.

M. DAMIS, MADAME HORTENSE, ÉDOUARD, THÉODORE, CHARLOTTE, HENRI.

MADAME HORTENSE.

Que vois-je! C'est mon fils!

HENRI.

Maman dans cette maison! Où me cacher! (*Chacun exprime son étonnement.*)

MADAME HORTENSE, *à M. Damis.*

Monsieur, expliquez-moi, de grâce, cette singulière rencontre.

M. DAMIS.

Vous nous en voyez, Madame, aussi surpris que vous pouvez l'être. C'est à votre fils à nous apprendre par quel événement il s'est trouvé égaré cette nuit dans la forêt.

HENRI.

Pardonnez-moi, maman, de vous avoir désobéi; je voulais aller voir le feu d'artifice à votre insu. Au lieu du plaisir que j'attendais, je n'ai ressenti toute la nuit que des frayeurs mortelles.

MADAME HORTENSE.

Vous les méritiez, mon fils, et Dieu vous a puni justement. O ciel! quelle sécurité peut donc goûter une malheureuse mère! Je me fais violence en quittant ma maison, regardant cette occasion comme propre à corriger mon fils de sa paresse, et tandis que je passais quelques heures dans le sein de l'amitié, j'étais menacée, hélas! de perdre ce fils ingrat et trop aimé! Dans quelle inquiétude doit être toute ma maison!

HENRI.

Ma chère maman, vos yeux se remplissent de larmes!

MADAME HORTENSE.

Le danger que tu as couru en est la cause. Juge de ma douleur s'il te fût arrivé quelqu'accident fâcheux.

HENRI.

Je me garderai bien une autre fois de vous désobéir : ne vous affligez plus. Aussi bien ai-je rencontré dans cette maison deux bons amis qui m'ont déterminé par leurs conseils à me livrer à mes études avec plus de courage que par le passé. J'espère que vous serez contente de moi à l'avenir.

MADAME HORTENSE.

Il est certain, mon fils, que la Providence ne pouvait pas mieux te conduire, et je n'ose me plaindre de ce qui est arrivé, quand je considère tout ce que j'avais à craindre.

HENRI.

Me pardonnez-vous ma désobéissance ?

MADAME HORTENSE.

A condition que tu n'y retomberas jamais. *(Lui montrant Édouard.)* Voilà, mon fils, le précepteur que je te destine, et dont je te parlais ce matin, demande-lui son amitié.

HENRI.

Quoi! le frère de Théodore et de Charlotte! Ah! maman, que je vous remercie. Il me sera bien facile de lui accorder la mienne.

ÉDOUARD, *en l'embrassant*.

Je suis persuadé aussi que nous serons contens l'un de l'autre.

THÉODORE, *en riant*.

Ma foi, mon frère, tu n'en auras pas l'étrenne; ton élève a commencé par être le nôtre.

CHARLOTTE.

S'il t'écoute avec la même docilité, ta tâche sera bien facile à remplir.

M. DAMIS, *en souriant*.

Vous voyez, Madame, que les choses sont déjà plus avancées que nous ne comptions.

MADAME HORTENSE.

Ah! Monsieur! je bénirai toujours le Ciel de ce que je suis assez heureuse pour vous avoir rencontré, et si l'intérêt que je vous porte me défend de me réjouir des circonstances qui me procurent ce précieux avantage, au moins me sera-t-il permis de tenter tous les moyens capables de vous les faire oublier. Il me tarde que mon époux soit de retour, et qu'il se confirme par ses propres yeux dans la bonne opinion qu'il paraît avoir de vous. Je vous invite, ainsi que toute votre chère famille, à nous regarder comme vos véritables amis, et à concourir par vos vertus à l'œuvre que votre fils daigne entreprendre. Les enfans n'ont point de meilleurs précepteurs que les bons exemples.

LA LETTRE

ET

LA CHANSON,

COMÉDIE EN UN ACTE.

PERSONNAGES.

CLORINDE,
SUZANNE, } grandes pensionnaires.
ROSALIE,
ANGÉLIQUE, pensionnaire de douze ans.

La Scène se passe dans un pensionnat de demoiselles.

LE THÉATRE
DE L'ENFANCE.

LA LETTRE
ET
LA CHANSON.

SCÈNE PREMIÈRE.

Le théâtre représente un joli jardin. Un banc de gazon est placé à droite au pied d'un massif de lilas.

CLORINDE, ROSALIE. *Celle-ci entre en riant.*

CLORINDE.

Tu m'impatientes avec tes éclats de

rire. Veux-tu bien te dépêcher de m'en apprendre la raison.

ROSALIE.

Laisse-moi reprendre haleine, et je te promets de te confier un secret le plus divertissant du monde.

CLORINDE.

Un secret ! Ce n'est donc pas de quoi tu ris depuis une demi-heure sur la terrasse ?

ROSALIE.

Eh ! si vraiment, ma chère.

CLORINDE.

Tu avais autour de toi plus d'une douzaine de pensionnaires.

ROSALIE.

Oh ! je leur ai bien recommandé de n'en pas ouvrir la bouche, et il faut que tu me fasses aussi la même promesse.

CLORINDE.

Je désire qu'elles se montrent, à cet égard, aussi scrupuleuse que moi ; mais il me semble que voilà un secret assez mal en sûreté.

ROSALIE.

Non, non ; ces demoiselles me tiendront fidèlement leur parole, et elles feront bien ; car je serais désolée qu'il parvînt aux oreilles de Suzanne, puisqu'il s'agit d'une chanson que mon frère a faite sur elle.

CLORINDE.

Cette chanson est donc injurieuse ?

ROSALIE.

Pas absolument. Il se moque un peu de sa danse. Tu sais, entre nous, qu'elle n'a pas la moindre mesure, et manque tout-à-fait de grâce à cet exercice. Voici au reste cette chanson, elle est vraiment plaisante :

> Avez-vous vu mam'zelle Suzon ?
> Pour moi, j'en pâme d'aise !
> Sans écouter les violons
> Elle danse l'anglaise,
>   Suzon,
> Elle danse l'anglaise.
>
> Sa grâce rappelle un ourson..;
> Mais ne vous en déplaise,
> Il danse mieux sous le bâton,
> Qu'elle ne fait l'anglaise,
>   Suzon,
> Qu'elle ne fait l'anglaise.
>
> Ah ! croyez-moi, mam'zelle Suzon,
> Restez sur votre chaise,
> Et pour l'honneur de nos salons,
> Ne dansez plus l'anglaise,
>   Suzon,
> Ne dansez plus l'anglaise.

CLORINDE.

Voilà des couplets fort impertinens, et si ton frère n'a rien de plus agréable à dire aux demoiselles, il fera très-bien de s'en tenir là. Qui a pu lui inspirer de pareils vers contre Suzanne?

ROSALIE.

Elle était au nombre des pensionnaires qui sont venues m'aider à célébrer la fête de maman, et mon frère prétend qu'elle a refusé de danser une anglaise avec lui.

CLORINDE.

Voilà bien de quoi mériter une chanson si malhonnête.

ROSALIE.

Toutes nos amies l'ont trouvée divertissante; d'où vient que tu n'en ris pas comme les autres?

CLORINDE.

Moi, rire d'une chose dont je suis indignée ! Cette chanson, toute mauvaise qu'elle est, ne manquera point de courir le pensionnat, et de désoler la pauvre Suzanne, qui est la bonté même. Si ton frère a eu grand tort de la composer, je trouve que tu fais encore bien plus mal de la répandre, après les témoignages d'amitié que je te vois donner tous les jours à Suzanne.

ROSALIE.

Je lui suis en effet fort attachée ; mais je ne vois pas le mal qu'il y a à rire d'une chose qu'elle ne saura point, et qui, par conséquent, ne lui causera aucun chagrin.

CLORINDE.

Bon ! je suis persuadée que la journée

ne se passera pas, sans qu'on le lui dise
par malice ou par indiscrétion, et au
premier différend qui lui surviendra avec
une pensionnaire, on lui jettera aussitôt
cette chanson au nez.

ROSALIE.

Si je le croyais!... Cependant on m'a
bien promis.....

CLORINDE.

Eh! pourquoi, je te prie, serait-on
plus discrète que toi-même, qui n'as pu
te tenir d'en parler, quoique tu t'expo-
ses par là à livrer ta meilleure amie à la
gaieté maligne de ses compagnes?

ROSALIE.

Je me serais bien gardée d'en ouvrir
la bouche, s'il eût été question de quelque chose de sérieux ; mais danser bien
ou mal n'est qu'une bagatelle.

CLORINDE.

C'est une bagatelle aussi d'avoir les cheveux rouges, puisque cela ne tient ni au caractère, ni à l'éducation, et qu'enfin on ne peut rien soi-même sur la couleur de ses cheveux; cependant tu vois la jeune Élise pleurer amèrement toutes les fois qu'on a l'injustice de lui en faire le reproche.

ROSALIE.

Elle a tort.

CLORINDE.

Cela peut être, mais assurément on n'a pas raison de lui en faire un sujet de chagrin. Les personnes sensibles ne considèrent pas si telle ou telle chose mérite l'importance qu'on y attache ; il leur suffit de s'en apercevoir pour éviter d'en parler.

ROSALIE.

Il me semble, moi, qu'à la place de Suzanne, je ne me formaliserais pas de cette chanson.

CLORINDE.

Tu te trompes toi-même, si tu parles de bonne foi, quoique les précautions que tu prends pour qu'elle n'en soit pas instruite ne me permettent guères de te croire.

ROSALIE.

L'incertitude où je suis de l'impression qu'elle recevrait de cette chanson, me fait seule désirer qu'on ne lui en parle pas ; cette discrétion de ma part prouve la délicatesse de mon amité.

CLORINDE.

Étrange délicatesse, en vérité !

ROSALIE.

On doit mépriser des défauts, ou plutôt des imperfections, qui ne nous ôtent rien de l'estime qui nous est due.

CLORINDE.

J'admire comme on raisonne censément des choses qui ne nous regardent point! Pourquoi donc te fâchas-tu si fort contre moi, à ton arrivée ici, parce que j'eus le malheur de m'apercevoir que tu avais un accent provincial fort désagréable?

ROSALIE.

Je ne me souviens pas de cela.

CLORINDE.

Pour moi, je ne l'ai point oublié, car tu m'en as voulu trop long-temps. Cependant il n'y a rien de honteux à se servir de l'accent de son pays; cela est même tout simple, et ne t'empêchait pas d'avoir de très-bonnes qualités; mais tu ne pouvais te consoler que j'en eusse fait la remarque.

ROSALIE.

C'est que j'étais alors un enfant.

CLORINDE.

Tu ne te montrerais pas aujourd'hui plus raisonnable, et nous sommes toutes de même. Le ridicule qu'on nous prête nous afflige autant et peut-être plus que le blâme, quoique cela ne devrait pas être. On prétend que le mépris qui s'attache au ridicule est ce qui nous y rend si sensibles. Enfin, ma chère Rosalie, si j'étais l'amie de Suzanne, je ne voudrais pas avoir fait courir sur son compte la chanson que tu m'as dite.

✱✱✱

SCÈNE II.

CLORINDE, ROSALIE, SUZANNE,
une corbeille à la main.

SUZANNE.

J'ignore quel grand mystère occupe aujourd'hui le pensionnat; mais on ne voit de tous côtés que des groupes qui se parlent à l'oreille, d'autres qui rient et marmottent entre leurs dents je ne sais quel vieux air...... Êtes-vous dans le secret, mes bonnes amies?

ROSALIE, *vivement.*

Je n'en sais pas un mot, je te le jure.

SUZANNE, *en riant.*

Oh! il n'est pas nécessaire de me le jurer; je t'en croirai bien sans cela. Clorinde n'est pas si pressée de s'en défendre : apparemment qu'elle en sait quelque chose.

CLORINDE.

Je t'assure, ma chère, que je m'occupe fort peu de ces sortes de secrets qui courent ordinairement le pensionnat; j'ai presque toujours reconnu qu'ils n'en valaient pas la peine.

SUZANNE.

Tu as bien raison, et il en sera de celui-ci comme des autres quand il se découvrira; car on n'en a jamais vu durer plus de vingt-quatre heures.

ROSALIE.

Il se peut aussi que tu te trompes, et qu'il n'y ait point de secret.

SUZANNE.

Il y en a, te dis-je, j'en suis certaine, et pour peu que j'eusse montré de curiosité, la petite Angélique l'aurait satisfaite : j'ai vu cela dans ses yeux ; mais comme il entre toujours de la malice dans ces mystères, et que le plus souvent ce sont des moqueries dont quelqu'une de nous est l'objet, je n'ai point insisté pour le savoir.

ROSALIE.

Angélique est une babillarde, une indiscrète, à laquelle on ne confie jamais rien ; qu'aurait-elle pu t'apprendre ?

SUZANNE.

Si on ne lui confie rien, il faut donc qu'elle le devine ; car c'est toujours par elle qu'on sait tout.

CLORINDE.

Le meilleur serait de mépriser ces petites intrigues, qui n'enfantent que des animosités et des disputes. N'avons-nous pas mille autres sujets de récréation plus agréables et plus utiles? Des lectures intéressantes, des ouvrages qui exercent en même temps l'adresse et le goût, des promenades, des entretiens affectueux, vaudraient bien, selon moi, ces conspirations clandestines.

SUZANNE.

Assurément, ma chère Clorinde. Pour moi, je n'ai jamais pu comprendre le plaisir qu'on trouve à faire du chagrin aux autres, et je n'ai besoin, grâce au ciel, de m'imposer aucune violence pour m'en abstenir.

ROSALIE.

Oh! tu es d'une sévérité à cet égard!... Tu fais un crime de la moindre plaisanterie.

SUZANNE.

Je ne condamne personne; mais je ne puis rire de la mortification d'une pauvre jeune pensionnaire, qui se voit tourner en ridicule, parce qu'elle a les cheveux rouges, qu'elle fait mal la révérence ou s'exprime un peu gauchement. N'est-il pas fort injuste de se moquer, comme l'on fait ici, de toutes les nouvelles venues, à cause de leur ignorance, puisqu'on ne les place dans cette maison que pour s'instruire, et qu'on ne les y enverrait pas, si elles étaient plus habiles?

CLORINDE.

Si la fureur de se moquer est si grande, que ne l'exerce-t-on sur les élèves qui ne retirent aucun fruit de leurs études?
(*En regardant malicieusement Rosalie.*)

Car il y en a parmi nous, qui, après plusieurs années, ont si mal profité de leur éducation, qu'elles ne sont pas en état, dit-on, de composer une lettre. Aussi n'en écrivent-elles jamais.

ROSALIE, *d'un air piqué.*

Si elles n'en écrivent jamais, comment peut-on juger de leur plus ou moins de mérite à cet égard?

CLORINDE.

C'est précisément là-dessus qu'on s'appuie. Les pensionnaires se plaisent, et nos maîtresses nous exhortent, pour notre instruction, à entretenir entre nous des correspondances qui nous accoutument au style épistolaire. Celles qu'on ne peut décider à se mettre de la partie, font naturellement soupçonner qu'elles n'en sont point capables.

ROSALIE.

Cette conclusion pourrait n'être pas juste, et sûrement elle n'est guère charitable. N'est-il pas ridicule de s'écrire, lorsqu'on se voit tous les jours?

CLORINDE.

Il n'est jamais ridicule, dans la saison de s'instruire, de se servir de tous les moyens que nos institutrices nous indiquent pour cela, et il le serait bien davantage de sortir de pension, sans être en état d'écrire passablement une lettre.

SUZANNE.

C'est souvent plutôt un effet de la timidité que de l'impuissance. Hortense, par exemple, est peut être la plus avancée dans ses études; à peine devant un étranger ose-t-elle prononcer un seul mot.

CLORINDE.

Il n'en est pas ainsi de celles dont je veux parler, et nous jugeons, par leur ignorance dans nos exercices journaliers, des raisons qui les retiennent dans d'autres circonstances.

ROSALIE *très-mortifiée.*

J'avoue, quant à moi, que je ne me soucie guère de ces correspondances sans nécessité; mais cela ne m'empêche pas d'écrire lorsqu'il en est besoin, et la preuve, c'est que voici une lettre que j'adresse à mon frère.

CLORINDE *malicieusement.*

Vraiment, ma chère Rosalie, c'est une nouveauté dont il faut que tu me régales : je n'ai jamais lu de tes lettres ; puisque celle-là est décachetée, tu me permettras de l'ouvrir.

ROSALIE *retirant sa lettre.*

Au contraire, je m'y oppose absolument.

CLORINDE.

Eh bien ! lis-la toi-même.

ROSALIE.

Cela ne se peut pas.

CLORINDE.

Pourquoi? Tu m'as quelquefois témoigné de la confiance, et Suzanne est ton intime amie.

SUZANNE *en souriant.*

Oh! cela n'empêche pas Rosalie d'être fort discrète avec moi sur ce chapitre.

CLORINDE.

Je m'en offenserais, à ta place. Que peut-elle avoir de si important à dire à son frère? Pour moi, je pourrais afficher toutes mes correspondances.

SUZANNE.

Moi, de même. Cependant je n'exige rien de Rosalie à cet égard, et je ne veux point pour cela douter de la sincérité de son affection.

ROSALIE, *avec embarras.*

Tu me rends justice, Suzanne. Quelque chose qu'il y ait dans mes lettres, ne t'en rapporte qu'à mon cœur.

CLORINDE.

Tu mérites bien en effet qu'on t'aime, bonne Suzanne, et je sens que je me reprocherais envers toi le tort le plus léger. *(Bas à Rosalie.)* Chaque parole qu'elle prononce devrait t'accabler de remords.

SCÈNE III.

ROSALIE, SUZANNE.

(Rosalie reste un moment absorbée.)

SUZANNE.

Qu'as-tu donc, ma bonne amie? tu me parais bien triste.

ROSALIE.

Moi! tu te trompes assurément; que pourrais-je avoir?

SUZANNE.

Clorinde t'a parlé à l'oreille en te quittant; peut-être....

ROSALIE.

Bon! Je n'y ai seulement pas fait attention..... C'est une méchante que cette Clorinde; as-tu remarqué avec quelle malice elle me regardait, en parlant de celles qui ne savent point écrire ? Son intention était de me mortifier.

SUZANNE.

J'avoue que j'en ai été surprise. C'est la première fois que je peux soupçonner quelque malignité dans ses discours...... Mais aussi nous pouvons nous y méprendre. On ne change pas tout d'un coup de caractère, et Clorinde m'a toujours paru une fort bonne fille.

ROSALIE.

Sa bonté ne l'empêcha pas, à mon arrivée ici, de se moquer de mon accent.

SUZANNE.

Elle a dit plusieurs fois, en ma présence, qu'elle l'avait simplement remarqué, sans y mettre aucune mauvaise intention, et qu'elle en avait eu beaucoup de regret, en apprenant combien tu t'en trouvais offensée. Il est certain qu'on commet quelquefois malgré soi des fautes où la malice n'a point de part, quoique les autres puissent le supposer. Par exemple, à la fête de ta maman, n'ai-je pas eu le malheur de mortifier ton frère, auquel je n'avais certainement aucune raison d'en vouloir?

ROSALIE, *avec inquiétude.*

Comment cela?

SUZANNE.

Pour une bagatelle, dont il a paru fort mécontent. Après lui avoir refusé une anglaise, parce que j'étais fatiguée, je me suis laissé étourdiment emmener à la danse par un autre, sans penser à l'impolitesse que je faisais à ton frère. Je lui en adressai ensuite mes excuses; mais à la manière dont il les reçut, je

vis bien que cela lui tenait au cœur.
Est-ce que je ne t'en ai pas déjà parlé?

ROSALIE.

Je crois en effet m'en souvenir.

SUZANNE.

J'ai réfléchi depuis aux erreurs qu'on s'expose à commettre, en jugeant les personnes avec trop de légéreté. Ton frère m'aura peut-être supposée désobligeante ou impolie, et j'espère cependant n'être ni l'une ni l'autre. Une étourderie a fait tout mon crime.

ROSALIE.

Sans doute, et je ne pense pas non plus que mon frère en ait conservé du ressentiment.

SUZANNE.

Je m'en flatte aussi, ma chère ; mais le jour de la fête, il me parut vivement blessé de mon oubli. Au reste, je ne me suis pas contentée de lui en témoigner mes regrets, et je lui prépare quelque chose qui achèvera de lui prouver que j'attache quelque prix à son estime.

ROSALIE.

Je ne comprends pas ce que tu veux dire.

SUZANNE *tirant une broderie de sa corbeille.*

Vois-tu cette garniture de chemise ? Je la brode pour ton frère.

ROSALIE.

Je la croyais destinée à ton papa.

SUZANNE.

C'était, je l'avoue, ma première intention; mais mon père ne doute point de ma tendresse; il ne sera nullement fâché d'éprouver un peu de retard, au lieu que je suis fort impatiente de réparer mon impolitesse envers le frère de ma meilleure amie.

ROSALIE *à part.*

Dans quelle confusion elle me jette !

SUZANNE.

Crois-tu, ma chère, que ce petit présent le flattera ?

ROSALIE *attendrie.*

Ah ! Suzanne !

SUZANNE.

Que vois-je ! te voilà baignée de larmes !

ROSALIE.

J'avoue que ta bonté me pénètre.... Mon cœur est trop touché.... Ah mon amie !.... nous ne méritons pas.... (*à part.*) Sortons, de peur d'en dire davantage.

SCÈNE IV.

SUZANNE *seule*.

Où va-t-elle donc ainsi, et pourquoi cette sensibilité si peu naturelle ? Quoi ! fondre en larmes, parce que je brode une garniture à son frère ! Il faut qu'il y ait là-dessous quelque mystère que je ne comprends pas. J'ai envie de la suivre.... Mais non, Rosalie n'aime pas qu'on la tourmente, sa retraite m'annonce assez que mes importunités la contrarieraient ; attendons patiemment qu'elle s'explique, et mettons-nous à l'ouvrage sur ce banc de gazon. (*Elle s'assied.*) Maman m'a dit que le moyen de les conserver long-temps, est d'accorder beaucoup à ses amies, et de n'en exiger que peu de chose.

SCÈNE V.

ANGÉLIQUE, SUZANNE *assise sur le banc.*

ANGÉLIQUE *en chantant.*

Ne dansez plus l'anglaise,
    Suzon,
Ne dansez plus l'anglaise.

Avez-vous vu.......

(*Elle s'arrête subitement en apercevant Suzanne.*)

SUZANNE.

Ah! voilà encore le vieux refrain à la mode du jour. Quel goût avez-vous donc pour lui, Mesdemoiselles ? Depuis ce matin je n'entends autre chose.

ANGÉLIQUE.

C'est qu'on a fait sur cet air une chanson nouvelle.

SUZANNE.

Si la chanson n'est pas de meilleur goût, elle ne vaut guère la peine d'être chantée. Tu la sais, sans doute, petite Angélique ?

ANGÉLIQUE.

D'un bout à l'autre ; elle n'est pas longue.

SUZANNE.

Assieds-toi près de moi sur ce banc, et viens me la chanter.

ANGÉLIQUE *en riant*.

Oh ! pour cela, Suzanne, je ne vous l'accorderai pas.

SUZANNE.

Tu badines, je pense.

ANGÉLIQUE.

Non, je ne veux pas me rendre l'écho des méchans.

SUZANNE.

Qu'entends-tu par là !

ANGÉLIQUE *prenant place à côté d'elle.*

J'entends que cette chanson ayant été faite contre une des pensionnaires de cette maison, qui ne m'a jamais causé aucun chagrin, j'aurais tort de contribuer à la répandre.

SUZANNE.

A merveille, ma chère Angélique; de pareils sentimens sont très-louables, et je serais bien fâchée à présent de te demander cette chanson. Il me semble même que tu n'aurais pas dû l'apprendre.

ANGÉLIQUE.

Je ne l'ai fait que par dépit. Les grandes pensionnaires me méprisent, parce que je suis petite, et se cachent de moi; elles n'ont eu garde de me mettre dans leur confidence; mais j'ai surpris la chanson, malgré elles, et quand elles réussiraient à me l'arracher des mains, elles ne me l'ôteront pas de la mémoire. J'en sais même bien plus qu'elles ne s'imaginent.

SUZANNE.

Fais-leur voir par ta modération et ton silence que tu es plus raisonnable qu'on ne le suppose. Rien n'est plus vilain que de se moquer de ses compagnes et de les livrer à la méchanceté des autres.

ANGÉLIQUE.

Surtout quand il s'agit de sa meilleure amie. (*A part.*) Elle ne se doute pas que c'est elle que la chanson regarde. Je voudrais bien qu'elle le devinât. (*Haut.*) N'imaginez-vous pas, Suzanne, laquelle de nous on s'est permis de chanter ?

SUZANNE.

Non, en vérité.

ANGÉLIQUE.

Je parie que vous êtes bien curieuse de le savoir ?

SUZANNE, *en souriant.*

Tu l'es bien davantage de me le dire... Mais soyons assez raisonnables toutes les deux pour oublier cela ; car voilà comme les méchancetés se répandent. Les unes les rapportent par malice, les autres par indiscrétion, et insensiblement tout le monde en est instruit. Occupons-nous de quelque chose plus utile. Où est la bourse que tu as entreprise pour ta maman?

ANGÉLIQUE.

Je l'ai laissée dans ma chambre..... Mais que faites-vous donc là, Suzanne?

SUZANNE.

C'est un jabot que je brode au frère de Rosalie.

ANGÉLIQUE, *se levant.*

Au frère de Rosalie! Parlez-vous sérieusement?

SUZANNE.

Très-sérieusement. C'est pour lui faire

oublier un petit déplaisir que je lui ai causé à la fête de sa maman.

ANGÉLIQUE, *avec véhémence.*

Oh! bonne Suzanne, qu'entends-je! Gardez, gardez votre broderie; ce serait trop mal placer vos bienfaits.

SUZANNE, *se levant à son tour.*

Que veux-tu dire, Angélique? Pourquoi cette émotion?

ANGÉLIQUE.

Non, je ne saurais souffrir une chose si injuste! Apprenez que celui à qui vous destinez cet ouvrage est l'auteur de la chanson en question, et que c'est vous-même qu'il y tourne en ridicule. La voilà; ayez le courage de la lire.

SUZANNE, *déconcertée.*

Est-il possible! (*Elle lit la chanson.*)

ANGÉLIQUE.

Je vous afflige à regret; mais qui pourrait se taire, à ma place?

SUZANNE, *d'un ton chagrin.*

Voilà des couplets bien injurieux! On aurait mieux fait de m'avertir charitablement du ridicule de ma danse, que de me livrer à la risée de tout le pensionnat. Rosalie doit être indignée contre son frère, si elle est instruite....

ANGÉLIQUE.

Comment, si elle est instruite! N'est-ce pas elle qui a répandu la chanson?

SUZANNE, *vivement.*

Qu'osez-vous dire, Mademoiselle? Cette calomnie me ferait douter de tout le reste.

ET LA CHANSON. 199

ANGÉLIQUE.

Ne vous fâchez pas. Vous en croirez, sans doute, Rosalie elle-même; voici une lettre qu'elle écrit à son frère, et que j'ai trouvée par hasard sur mou chemin.

SUZANNE.

Vous n'auriez pas dû la lire; je ne le devrais point moi-même; mais mon cœur est trop agité pour ne pas y chercher quelque lumière; car je suis assurée que Rosalie ne saurait réellement me trahir. (*Elle lit.*)

« Déjà mon frère ta chanson cour tout
» le pansionât qui se l'arrache des main,
» et je ne reçoi que des grand merci
» pour lui avoir donnée le jour, et j'ai
» bien un peu de regrais de faire voir

» ton espri aux dépan de la pauvre Su-
» zanne, mais j'ai fait prometre et nous
» n'en riont pas moins de bon chœur à
» toute mes amie de ce clor la bouche.

Qu'ai-je lu ! ingrate Rosalie ! *(Elle se couvre le visage de son mouchoir.)*

ANGÉLIQUE.

Quel style pour une fille de quatorze ans ! Quoique je n'en aie que douze, et que je ne sois pas moi-même fort avancée, il me semble que je m'en tirerais mieux que cela. Qu'en pensez-vous, Suzanne ?

SUZANNE.

Ah ! ce n'est point au style que je daigne faire attention ; c'est à la perfidie d'une amie à qui je me croyais chère !

ANGÉLIQUE.

Vous avez raison ; cela est encore plus

affreux que de mal écrire ; mais il est aussi plus ridicule d'avoir écrit cette sotte lettre que de danser l'anglaise à fausse mesure, et vous avez un bon moyen de faire oublier la chanson en donnant le change à la malignité des pensionnaires. Vous verrez comme elles se moqueront de la *bouche close*, des *grand merci*, et des grosses fautes d'orthographe qui fourmillent dans cette lettre.

SUZANNE.

On ne doit pas se venger d'une mauvaise action par une autre.

ANGÉLIQUE.

Vous êtes trop bonne, ma chère Suzanne ; pour moi, je vous préviens que je veux me donner le plaisir de divertir tout le pensionnat de cette lettre.

SUZANNE.

Tu me disais tout-à-l'heure que tu ne voulais pas être l'écho des méchans.

ANGÉLIQUE.

Rosalie est une ingrate qui ne mérite pas qu'on la ménage. Rendez-moi la lettre, je vous'prie.

SUZANNE.

Si je te promettais de m'en servir à me venger de son auteur, ne voudrais-tu pas me la laisser.

ANGÉLIQUE.

Oui, car cela me paraît de toute justice.

SUZANNE.

Eh bien! ma chère, tu peux y compter; mais n'en parle à personne, et laisse-moi faire; avant la fin de la journée tu seras satisfaite. Permets-moi de réfléchir seule un moment.

ANGÉLIQUE.

Comme il vous plaira, Suzanne ; vous êtes si bonne que tout le monde vous aime. (*Elle l'embrasse et se retire.*)

SCÈNE VI.

SUZANNE *seule.*

Tout le monde m'aime ! Hélas ! je tiens la preuve du contraire. Ingrate ! ingrate Rosalie ! moi qui te chérissais si sincèrement ! moi qui t'accordais une confiance si parfaite ! ah ! sans cette cruelle lettre je douterais encore de ta perfidie; je te défendrais contre le monde entier ! Comment soupçonner dans ce qu'on aime une lâcheté si étrangère à son propre cœur ! C'en est fait, je ne veux plus m'attacher à personne! Rosalie me regrettera; elle ne pourra échapper aux remords d'avoir livré à d'insultantes railleries la trop confiante Suzanne.... Que dis-je? N'ai-je pas déjà vu couler ses pleurs! Hélas! les miens ne peuvent s'arrêter!

(*Elle retourne sur le banc et s'abandonne aux larmes.*)

SCÈNE VII.

ROSALIE, SUZANNE, *sur le banc.*

ROSALIE, *sans voir Suzanne et cherchant sa lettre.*

Je ne la trouve pas. Comment ai-je pu faire pour la perdre?

SUZANNE *à part.*

Je reconnais sa voix!.... Ah! comme le cœur me bat! Je ne sais ce que je dois lui dire.

ROSALIE.

Si elle tombe entre les mains de quelque pensionnaire, je suis perdue ; on va me tourner en ridicule, car il n'est que trop vrai que je ne sais pas écrire ; mon frère est le premier à se moquer de moi.

SUZANNE *se levant.*

Tu cherches quelque chose, Rosalie?

ROSALIE *surprise.*

Ah!... je ne te savais pas si près de moi. Je cherche la lettre que j'écrivais à mon frère. Je ne me consolerais pas de l'avoir perdue. Ne pourrais-tu pas m'en donner des nouvelles?

SUZANNE *avec hésitation.*

Je pense que oui.

ROSALIE *vivement.*

Ah! rends-la moi, je t'en conjure.

Je suis bien sûre que tu ne l'as pas ouverte; ta discrétion m'est trop bien connue.

SUZANNE.

Je l'ai vue, il n'y a pas long-temps, entre les mains de la petite Angélique.

ROSALIE.

Angélique! ô ciel! j'en suis au désespoir! Courons sans perdre de temps....

SUZANNE *la retenant.*

Tu la lui redemanderais en vain, elle ne l'a plus.

ROSALIE.

Malheureuse que je suis! Cette petite masque va la faire lire à tout le pensionnat, et je servirai de risée à tout le monde. C'en est fait, je vais supplier mes parens de m'ôter d'ici; je ne saurais y demeurer plus long-temps.

SUZANNE *avec intention.*

Y aurait-il dans cette lettre des sentimens dont tu craindrais qu'on ne te fît rougir?

ROSALIE *avec embarras.*

Ce n'est point cela qui m'inquiète ; on s'occupera moins du fond que de la forme. En écrivant à un frère, on se néglige, et il peut y avoir dans ma lettre des fautes d'orthographe et de langage, dont ces Demoiselles ne me feront point grâce.

SUZANNE.

Ainsi, ce n'est que la seule crainte du ridicule qui t'afflige.

ROSALIE.

La seule! mais il y en a assez pour me désespérer, et je ne me sens pas le courage d'être moquée impitoyablement, pour deux ou trois misérables expressions qui me sont peut-être échappées.

SUZANNE.

Si une compagne d'infortune peut te consoler de ta disgrâce, reprends courage, Rosalie ; car je suis moi-même en ce moment l'objet des plaisanteries de tout le pensionnat.

(*Rosalie stupéfaite, la regarde sans oser lui répondre.*)

SUZANNE *lui donnant la chanson.*

Cette chanson outrageante, qu'on a composée contre moi, est la cause de ces entretiens mystérieux dont je te parlais il y a une heure.

ROSALIE *confuse.*

Je ne conçois pas.... Il faut être bien désobligeante.... (*à part.*) Je ne sais ce que je dis, tant mon trouble est extrême.

SUZANNE.

Eh bien! Rosalie, qu'en penses-tu? Tu reconnais sans doute l'écriture de ton frère?

ROSALIE.

Il est vrai qu'elle lui ressemble beaucoup..... mais on est si méchant.....

SUZANNE.

Sans doute, et tu ne saurais même t'imaginer à quel point. On assure que cette chanson est de ton frère. Passe encore, tout me porte à le croire ainsi; mais on prétend que c'est toi qui l'as produite, que tu as été la première à rire à mes dépens, et qu'enfin tu m'as sacrifiée sans pitié à la malice de toutes nos compagnes.

***

ROSALIE *prête à pleurer*.

Suzanne....

SUZANNE *vivement*.

On me l'a dit, mais j'ai refusé de le croire. Non, me suis-je écriée, jamais je ne ferai cette injure à Rosalie. Me livrer au mépris, à l'humiliation, moi, son amie la plus sincère! S'amuser de ce qui ferait couler mes larmes! M'assurer de sa tendresse, et me tourner secrètement en ridicule! Je ne puis l'en supposer capable. Ah! que pourrions-nous attendre de nos ennemis, si nos amis les plus chers payaient ainsi notre confiance? Non, ma crédulité à cet égard serait injurieuse à Rosalie. Elle a reçu trop de preuves de mon amitié, pour qu'il me soit permis de douter de la sienne. Elle sait, hélas! que loin de m'exposer à l'affliger, je me sacrifierais plutôt mille fois moi-même, et qu'elle n'a point de chagrin que mon cœur ne partage.

ROSALIE *toute en pleurs.*

Ah! ne me parle pas ainsi. Des paroles si tendres me déchirent le cœur.... Suzanne, il n'est que trop vrai que je suis coupable.

SUZANNE.

Je l'entends donc de votre propre bouche! Je l'avais déjà vu écrit de votre main, ingrate! et, après vous avoir défendue, j'ai été obligée de convenir que vous ne méritiez plus ma tendresse. *(Ici Angélique et Clorinde paraissent au fond du théâtre et s'arrêtent à écouter.)*

ROSALIE.

Ah! Suzanne! plus je t'entends, et plus je me sens pénétrée de mes torts. Je ne dois pas espérer que tu me le pardonnes; mais du moins tu en es bien vengée par l'humiliation qui m'attend à mon tour.

SUZANNE.

Non, Rosalie, je ne le suis pas encore; mais je ne tarderai pas à l'être. Le voilà ce billet qui vous cause de si mortelles alarmes; je l'ai reçu des mains d'Angélique, avant qu'elle l'ait encore montré à personne....Je vous le rends.... C'est toute la vengeance que je veux tirer de votre perfidie.

SCÈNE VIII ET DERNIÈRE.

SUZANNE, ROSALIE, CLORINDE, ANGÉLIQUE.

CLORINDE.

J'étais bien sûre que Suzanne était incapable d'en choisir une autre, et tu vois, Angélique, si je l'ai bien connue.

ANGÉLIQUE à Suzanne.

Ce n'est pas là ce que vous m'aviez promis.

SUZANNE.

Tu te trompes, ma chère angélique; rendre le bien pour le mal est la plus noble et la plus sûre manière de se venger de ceux qui nous offensent.

ROSALIE en pleurant.

Ah! n'ayez pas de regrets; sa conduite me jette dans une douleur et une confusion dont je ne reviendrai de longtemps. Me consolerai-je jamais d'avoir pu outrager une amie si généreuse! Joignez vos prières aux miennes pour qu'elle me pardonne; car il me serait impossible de vivre sans son amitié. Et toi, ma chère Suzanne, si tu n'as quelque compassion de mon repentir, je me punirai à tes yeux, en me livrant moi-même à ces railleries piquantes, dont tu as bien voulu me préserver.

SUZANNE *l'embrassant.*

Essuie tes larmes, Rosalie; je veux regarder ta faute comme une légèreté à laquelle ton cœur n'a point de part.

CLORINDE.

Bonne Suzanne! Une amie telle que

Essuies tes larmes Rosalie, je veux regarder ta faute comme une légèreté à laquelle ton cœur n'a point de part.

toi mérite bien les pleurs qu'elle répand lorsqu'on a eu le malheur de l'offenser.

ANGÉLIQUE à *Suzanne*.

Je ne dirai rien de la lettre, puisque vous le désirez; mais vous me permettrez bien de me mettre en colère contre la première qui s'avisera de chanter la maudite chanson.

SUZANNE.

Hélas ! ta colère ne fermera la bouche à personne.

ROSALIE *avec feu*.

Qu'elle soit sans inquiétude ; je me charge de réparer le mal que j'ai commis. Je veux que l'auteur de la chanson et celles qui la répètent partagent la honte et les regrets que j'éprouve; et il me suffira pour cela de leur raconter ce qui s'est passé entre nous.

FIN DU PREMIER VOLUME.

PIÈCES

CONTENUES DANS LE PREMIER VOLUME.

———

Pages.

PRÉFACE. 1

LE POLICHINELLE, comédie en un acte. 7

LE JEUNE PRÉCEPTEUR, ou les Avantages de l'Éducation, comédie en deux actes. 77

LA LETTRE ET LA CHANSON, comédie en un acte. 161

www.ingramcontent.com/pod-product-compliance
Lightning Source LLC
Chambersburg PA
CBHW051909160426
43198CB00012B/1822